コミュニケーション学の誕生

W. シュラム学派から
『思想の科学』井口一郎へのリレー

田村紀雄
【著】

山崎隆広
【解説】

社会評論社

序文にかえて

ナチスのプロパガンダと抑圧を遁れて

　この本は、「コミュニケーション」学という学問が、どのようにして誕生したか。またその学問がいかなるいばらと苦難の道を辿って日本にもたらされたか。この二つをテーマにしている。したがって、学問の誕生のほうに、強い関心がある場合には、第八章「プロパガンダ研究とFBIS の成立」をさきに読まれることをお勧めする。

　二つの世界大戦のなかで、大量の砲弾がとびかう戦場や銃後で、鋼鉄の弾丸にくわえて言葉・音声の雨（宣伝、プロパガンダ、デマゴギー等）が兵士や市民に浴びせかけられた。これをどうとらえたらよいか、という欧米の研究者や技術者の動機から研究がはじまった。その結果、国民の間にデマが飛び交った。これが、誕生の身の毛もよだつ現実の風景である。

　戦争には敵方を迷わせ、味方に勇気を与える情報戦争は元来つきものである。また、ひそかに相手の状況を把握する諜報作戦もつきものである。これらは、兵器と同様にあたらしい技術、量産化、訓練された要員の動員力に負う。近代戦は、鋼鉄の弾丸同様、莫大な量の「紙の弾丸」「音声の爆弾」を消耗しあう。

　この問題の研究に従事したのはまだ 30 歳そこそこのシカゴ大学の若き政治学徒ハロルド・D. ラスウェルだった。ラスウェルは「世界大戦におけるプロパガンダ技術」という博士論文を 1927 年に公刊して一躍著名になる。その後も社会主義陣営に焦点をあてた「革命戦略と戦争宣伝」（1933 年）を発表、このプロパガンダ研究の先駆者となる。

　第 2 次世界大戦はその技術革新や広範な人々への影響力で、前大戦の比ではなかった。ナチスが権力を握って周辺国はじめ、全世界に侵略を開始するやゲッペルスを宣伝大臣に任命し、おりから技術革新により大量の安価なラジオ受信機の普及とあいまって、全世界にむけて人種主義、ドイツの優秀性、反社会主義・反民主主義の大宣伝を開始、あわせてドイツ軍の各国蹂躙となる。弾圧を遁れた優れたユダヤ系の知性等、多数

のヨーロッパの知識人、民主主義者、社会運動家がヨーロッパから脱出、米国はじめ各国への難民となる。

　ここに、米国のコロンビア大学、スタンフォード大学等々にナチスについてのプロパガンダ分析、研究がスタートする。ラスウェルにくわえて、あらたに亡命で欧州から到着したポール・ラザースフェルドらが中心になり、研究センターが組織される。ロックフェラー財団等から巨額の研究費を得た研究機関には、B.L. スミス、H. キャントリル、G. オルポート、R.D. ケイシー、といった若き俊英が全米から召集される。かれらこそ、この時期、この集団から「コミュニケーション学」を形成させる研究者たちであった。

　研究集団の業績、発表論文に「コミュニケーション」の名前のはいったものがこの時期急増している。それというのも、もし社会学者だけを集めて研究するとすれば、この研究業績を「メディアの社会学」と名づけたかもしれない。「都市社会学」「農村社会学」と同様に。心理学者だけが召集されての命名なら「メディアの心理学」などとなったかもしれない。多岐にわたるすでにそれぞれの分野で業績のある研究者が結集し、それらの業績を横断し、叡智を網羅したからこそ、それまでにない「コミュニケーション」学という学問に落ち着いたのだ。

ラザースフェルドとシュラムの貢献

　このプロセスで決定的な役割をはたしたのが P. ラザースフェルドとウィルバー・シュラムという二人の学者だ。W. シュラムにかんする小伝を納めた国際的な事典は、「アカデミックな研究でコミュニケーション学を完成させた研究者はシュラムだ」と言い切っている。かれはハーバード大学その他で音楽などの学位をえたが、かれを学問の世界へ導いたのは新聞社でのアルバイト記者の経験だったという。

　シュラムは、自身の師事した研究者としてラスウェル、ラザースフェルド、K. レヴィン、C. ホヴランドの4人をあげている。ここでだいじなことは、この4人がいずれも異なる学問分野の大家であること、すなわち政治学、社会学、グループ・ダイナミックスそして経験的社会心理学の学者であることだ。これが、シュラムらのコミュニケーション学へ

の学際的なアプローチ、主題への人脈をこえた、社会的、国際的な姿勢を生んだと考えられている。

　こうした学問的な姿勢をもって先輩に師事したとき、シュラムはラザースフェルドとは5歳しか離れていなかったが、先輩として敬意をもって接したのである。シュラムがイリノイ大学に「コミュニケーション学研究所」を開設したのは1948年でコミュニケーション学研究の名を冠した最初の大学機関と考えられる。それ以前の数年間「コミュニケーション」の概念にふれたいくつかの論文を発表してきており、さらに1949年には「マス・コミュニケーション」にかんする総合的なリーディングスをイリノイ大学から出版、これらの概念を定着させた。この本は、清水幾太郎らのグループにより日本にも翻訳紹介されており、コミュニケーションの用語法、概念、内容を確定するうえで、決定打になる。

　シュラムはのちスタンフォード大学に移動してからも、同様の研究機関の開設、教育で貢献し、高齢になってからはハワイ大学、シンガポールの国際機関で続けており、日本はじめ国際的にもおおきな影響をのこした。ひとつの学派、方法（ディシプリン）、経験にとらわれず、それらを横断、化合させあたらしい境地に達した典型例を「コミュニケーション学」の生誕と発展にみるのである。それが、また新しい分野を開拓してゆく。

複数の土壌、複数の種子

　「コミュニケーション」という用語が論文等に頻発するのは、多分、1920年代に「オーラル・コミュニケーション」という問題のなかではないだろうか。メディアよりも、話し言葉のほうに研究者も多数いたからだ。1934年の「連邦通信法」（FCC）の成立過程では、学問分野ではないが、テレコミュニケーションの用語は頻繁に使用されてきた背景もある。

　「コミュニケーション」とは、という問いにいくつものモデルが考案されている。もっとも初期の簡単なモデルが、いわば〝5W1H〟モデルで知られるH.ラスウェルのものだ。その後、シャノン＆ウィーバー、W.シュラムらによる数多いモデルが考案されて公表された。複雑にな

るほど、理解が難しい。わたしは、もっとも簡単に「人間と社会は複雑な器官で構成されており、それらが生きてゆく上での鼓動だ」ということにとりあえずしている。第2次大戦下、コロンビア大などいくつかの大学でラジオプロパガンダの研究に取り組み、その成果として、後年、コミュニケーションに関するペーパーを順次出し、のちにここから最初の「コミュニケーション学部」が設立されるが、研究機関は長い間「ラジオ・プロジェクト」という看板のままであった。

また、学問として収斂してゆくが、それは積み上げであり、その基になる、言語（スピーチ）、メディア、通信（テレコム）をめぐる研究者集団が一つになることはなかった。なかでも、レトリック、記号、意味などの研究に長い歴史と人材、業績の積み上げのある「スピーチ・コミュニケーション」の分野の学問・学会は独自の力量を誇っている。日米、その他の国の学会は依然として別個に活動している。またその機関誌も別である。だが研究内容をみると、互いに共通の社会現象をとりあげている。

「コミュニケーション学」という学問が、それぞれの人脈、研究機関、思想によって積みあがって生まれたからである。これらを統一することは困難だし、その必要もない。

規制緩和で初のコミュニケーション学部創設

日本では長い間、大学教育における学部の名称、数、教育内容は国によって制限されてきた。1970年代の世界の学生運動はそれまでの政治的要求とちがっていた。大学改革、教育の品質向上を求めたものであった。米国の学生は授業に先住民教育や黒人研究のカリキュラムを求めた。英国ではサブカルチュアに関する授業を要求してキャンパスに立て籠もった。日本ではすし詰め授業の解消、高すぎる授業料問題、授業内容の改善などで大学そのものに不信を突きつけて街頭に繰り出した。

政府は文教政策の根本的な改革に乗り出し、大学への財政出動、教育改革等をうちだし、その一つが学部新設の規制緩和であった。多様化する社会、学生の多岐にわたる志望等に応ずるということでこれまで認めてこなかった新学部に対応することもその一つであった。

かくて1995年、東京経済大学にコミュニケーション学部が初めて創設され、授業内容にも、日本で初めて学生に仕事の現場を体験させる「インターンシップ」科目の導入があった。これはインターンシップを公式の授業単位として認定することだった。また一定数の外国人留学生を正規の学生定員とした。学部名も、カリキュラムの内容も斬新なものだった。

この直前の1980年には米国では、すでに全米の2割にあたる600の大学にコミュニケーション学部、学科が設置されており、1万7千人のフルタイムの各種専門の教員が配置されていた。その人材教育のために、全米で2割の大学に修士課程、4％の大学に博士課程を設けて教員養成にあたった。

日本では、1995年以降、コミュニケーション系の学部の新設が続き、数年後には5つの大学にコミュニケーションと名の付く学部がうまれ、コミュニケーションとの名のつく講義科目は163校におよんだ。その後も、ふえており、2012年度の『全国大学一覧』によると、コミュニケーション学と名の付く学部数は20大学、学科数はその2倍ちかい。2020年代以降もメディア、映像、言語等の名を冠したコミュニケーション系学部の開設は、あとをたたない。「コミュニケーション」論を単独の講義にしている大学は文系ではほとんどとみられる。

本書は、その「コミュニケーション学」が誕生した米英はじめ西欧諸国と日本が戦争により数十年間断絶してきたことから始まる。その間に、新聞記者、新聞学者として学問、精神、生活の遍歴をたどった井口一郎という在野の研究者の生涯を追う。日本の敗戦により、井口はようやくその学問にめぐり合い、定職をうしなったまま民間の研究団体「思想の科学研究会」、それを主宰した哲学者・鶴見俊輔、会の雑誌『思想の科学』と協力しながら日本社会での「コミュニケーション学」の波及につとめる物語である。

かれらは、「権威」を笠にしたひとつの学派に偏ることをいさぎよしとせず、ことなる学派や批判精神、在野的なアプローチへの敬意をもって戦後の「もうひとつ」の学問を掘り起こしてきたが、カルチュアに対する「サブカルチュア」、支配的なジャーナリズムにたいする「サブジャー

ナリズム」ないし「オルタナティブ・メディア」論にはやくから取り組んできた。井口一郎、鶴見俊輔の「コミュニケーション学」の紹介、提案が重く見られなかったことが、その後の学問の成長にどう影を落としてきたかを検討することが、今後の課題である。

目　次

序文にかえて 3

第一章　井口一郎新聞学の青春期
コミュニケーション研究史上の落丁 13

1. 緒言・新聞学研究のパイオニアの一人・井口一郎 14
2.「新人会」影響下の青春時代を越えて 14
3. 国民新聞記者時代の人脈 18
4. 上智大学新聞学科講師と地政学研究 22
5. 東大新聞研究室研究員の業績 25
6. ドイツ新聞史研究と「時局」..27

第二章　建国大学時代の井口一郎
新聞学から弘報論へ 31

1. 建国大学の創立と日本人研究者 32
2. 満州建国とジャーナリズム 34
3. 満洲へ、満洲へ 36
4. 建国大学教授・井口一郎 39
5. 建国大学の教育と研究 42
6. コミュニケーション学の教育 47

第三章　井口一郎と建国大学の同僚達　王道楽土か日本脱出か
地政学と農本主義の癒着のはざまで 55

1. 日本にない多元的エスニック集団 56

2. 建国大学研究院の仕事 59

3. 大学の同僚たちと研究プロジェクト 66

4. 敗戦、大学閉校、辛酸の帰国 68

第四章　ラスウェルと「マスコミ」用語の日本登場
井口一郎と思想の科学研究会の戦後の貢献 73

1. 大陸からの引揚・帰国 74

2. 雑誌『思想の科学』の編集長に 76

3. 井口のハラルド・ラスウェル紹介 81

4. 地政学からアメリカ型「国際関係論」へ 86

5. 桑港会議、マスコミのちから認識 88

第五章　「新しい新聞学」の誕生と「マスコミ」論の影響
井口一郎に始まる戦後の"アメリカ種"研究の移入 93

1. 「新聞学」改革のランナー・井口一郎 94

2. 本章での主題―「新しい新聞学」が提起される 95

3. コミュニケーション科学の提案 98

4. 日本の研究者たちの反応 101

5. 思想の科学と「コミュニケーション学」の定着 105

第六章　井口一郎による「コミュニケーション」理論の
移植と定着　1949 年以降の出版活動を焦点に 109

1. 本論の目的と範囲・科学と思想 110

2. 1945 年、思想の科学研究会の社団法人化 112

3. 「文理両道」の概念「コミュニケーション」の登場 114

4. コミュニケーション学の普及と教育 117

5.「コミュニケーション政策」への合意 122

6. 文筆業としてアカデミズムへの逆照射 125

7. 無尽蔵の鉱脈、未知の水脈 127

第七章 すべて、それ（プロパガンダ）は 戦争から始まった 133

1. 1951年までの到達点 134

2. 著書『マスコミュニケーション』の特色 136

3.「コミュニケーション学」の萌芽 138

4. ラスウェルら異なる文化・学問からの結実 141

5. 世界的危機の時代の学問 141

第八章 プロパガンダ研究とFBISの成立 コミュニケーション学胎動の土壌 145

はじめに 146

1. 日米放送合戦の幕開け 147

2. 国防総省のもとでのFBISの活動始動 152

3. PONDAでの仕事の概要 159

4. FBISが残したものはなにか 162

あとがき 167

＊解説 （山崎隆広）
井口一郎・鶴見俊輔・田村紀雄
日本における「コミュニケーション学」の成立と「オルタナティブ」という思想
....173

第一章

井口一郎新聞学の青春期

―コミュニケーション研究史上の落丁―

1. 緒言・新聞学研究のパイオニアの一人・井口一郎

"コミュニケーション"という用語法とコンセプトが、第二次大戦後、日本に輸入され、定着する上で大きな役割を果したのが、思想の科学研究会であり、その中心人物が井口一郎であった。この戦後思想史の大きなエポックであるコミュニケーション学創設の役割を担いえたことを、思想の科学研究会も、会の創立者である鶴見俊輔も、これを誇りにしている。

この役割の中心にいた井口一郎とは、どういう人物だったのであろうか。意外にも、ほとんど知られていない。戦前は新聞学について、戦後はコミュニケーション学について、数多くの著作を発表してきた井口に関して、まったくといってよいほど、評伝の類が見当らない。コミュニケーション研究史の上からも新聞学からコミュニケーション学への移行の過程を明らかにする上でも、井口の役割や個人の学問史をひも解くことは、きわめて意義あることだと考えられる。これが本研究の目的である。本書では、その井口一郎の足跡の中で、まず、戦前の知識層の深い困惑にもなっている新人会→新聞記者→地政学への移行に表現される集団的「転向」過程を明らかにしておきたい。ここでいう「転向」は変節、背信、裏切りを意味しない。この用語は、「思想の科学」がつくりあげたもので、「転職」などと同様、個人の責任で、誰にも迷惑をかけるものでなく、自身の判断と責任で、方向を変える思想的なものである。(同会編『転向』全三巻・平凡社版、参照)

2. 「新人会」影響下の青春時代を越えて

井口一郎(1901〈明治34〉—1957〈昭和32〉年)の56年間の人生は大きくわけて次の三つの時期に整理することができる。

Ⅰ　新聞記者時代

Ⅱ　満州・建国大学教授時代

Ⅲ　戦後・フリーの研究者・執筆者時代

である。本章では、このうちⅠの時代を中心に、その思想形成から、東京帝国大学新聞研究室時代までに焦点をあてる。

*

井口一郎の残存している自筆の履歴書[1]によれば、かれの青春期のキャリアは次のとおり。

本籍　石川県金沢市
出生　明治34年2月23日
学歴　大正8年9月第四高等学校文科乙類入学
　　　大正11年3月同校卒業
　　　大正11年4月東京帝国大学法学部政治学科入学
　　　大正14年3月同校卒業
職歴　大正14年11月国民新聞入社編集局政治部勤務
　　　昭和6年11月家事・都合ニ依リ同社退社
　　　昭和6年11月大阪時事新報社入社編集局勤務
　　　昭和8年12月病気ニ依リ退社
　　　昭和10年4月上智大学新聞学科講師ヲ依嘱セラレ新聞学、政治
　　　　学演習ヲ担当
　　　昭和11年5月東京帝国大学文学部新聞研究室研究員ヲ依嘱セラ
　　　　レ新聞学及ビ新聞政策ノ研究ニ従事ス。月研究手当30円支給
　　　昭和12年7月国際新教育会議日本代表随員トシテ豪州ニ赴キ同
　　　　年10月帰国ス
　　　昭和18年2月東京帝国大学文学部新聞研究室研究員解嘱
　　　昭和18年2月上智大学講師解嘱
　　　昭和18年2月任建国大学教授、薦任一等三給俸、国際政治、新
　　　　聞政策担当
　　　昭和19年1月建国大学研究院総合研究部副部長
　　　昭和20年8月叙簡任二等七級俸

以上が、戦後すぐ書かれた履歴書だ。すなわち大陸から帰国した直後、

いずれかの機関に就職のため提出したものの下書きと思われる。この経歴に加筆するならば、第四高等学校に入学以前の足跡は次のとおりである[2]。

　井口一郎の家系は、金沢藩士、いわゆる没落士族の父は、石川県内の郡長職、7人の子供を育てたが、教育熱心で、いずれも大手企業や行政機関の幹部職員にまでなっている。一郎は高岡中学を卒業して第四高等学校に入学、乙類（ドイツ語）を選択したが、同時に教育熱心な祖母の薦めで、英語の私塾に通った。当時、金沢でマーガレット・アームストロングが、カナダ・メソジスト教会の婦人宣教師として派遣されており、英語も教えていた。オンタリオ州の生まれだが、日本に帰化し、戦後富山の土となった。その熱心な布教と教育は評判で、井口家も一郎と妹が通い、のち二人ともキリスト教の洗礼を受けている。

　この青少年期の教育が、のちに井口一郎にドイツ語と英語の語学力と、ドイツとアメリカの学問に通じる視野をうえつけた。実現はしなかったもののベルリン大学への留学の希望も抱かせた。この第四高等学校での勉学と、東京帝国大学への進学には、前田藩の育英資金の後押しがあった。この資金の採用は、難関突破の狭き門であったという。

　東京帝国大学時代の特筆すべきことは、「新人会」との関係である。新人会は、1918年（昭和7年）、ロシア革命等の影響を受けての新しい民主主義や自由思想の流入で、東京帝大の緑会（法科学生の弁論部）の赤松克麿らが発起人として生まれた。またたく間に全国に広がり、金沢にも支部ができたが、四高時代の井口との組織的な関連は、いまのところ判らない。ただ東京帝大での新人会には四高出身者が多く、その人脈も想定される。四高・東大・新人会の先輩野中徹也の動向も十分掘りおこされてない。

　井口一郎の新人会活動は、保守的な家庭の制約もあって、それほど深入りすることはなかったと思われる。しかし、キリスト教の影響もあって、新人会の「進歩的」な思想の影響を受けたようだ。新人会も会員数が増加するにつれ、異った潮流も発生し、労働者との連帯を重視する実践派と、学究派との内部対立が生まれたりした。大正末には、共産党の影響力が強まったりしたため、活動の舵をきり直す会員も出てきた背景

がある。

　井口と同時代人の新人会員は多士彩々であり、日本の社会思想、文学、党派抗争に名を残した人は多い。井口の学ぶ法学部教授の吉野作造が新人会の後ろ楯であったせいか、法学部の学生が多く、1933年（昭和8年）の集団転向後も皮肉なことに日本の政界・官界の重鎮になった。また千葉雄次郎（1922年東大政治学科卒、朝日新聞記者のち東大新聞研究所長）、門屋博（1925年社会学科卒、毎夕新聞記者）のように、ジャーナリストになった人物もすくなくない。

　しかし、なんといっても、井口と近距離にあったのは、中野重治である。中野は、同じ北陸（福井県出身）、第四高等学校の同期生、東京帝大では、独文。かれは1925年に新人会の正規の会員であった。中野重治の小説『むらぎも』は、中野と思われる主人公が、四高や本郷界隈での新人会活動を描いたものだが、この中にたしかに四高の学生、卒業生が往来している。中野のように文筆家として知られ、新人会への参加も、そこからの退脚も文学作品に反映させねばならない人物もいれば、井口のように静かに進退をきめたと思われる人物もいた。

　鶴見俊輔は、『共同研究 転向』[3]の中で、中野重治と林房雄との間の転向の相違を、その精神のからくりにまで詰めて記述している。井口は、正規の会員ではなかったが、その「転向」も、かれなりの精神構造があった。転向してなおのち、政財界の指導者に納まるエリート層とも、文筆で自己をさらけだせる作家達ともちがっていた。前田藩の育英資金で四高、東大と学び、豊かでもない士族の下給官吏（石動郡長）、多数の兄弟という重圧が、静かに進退をおこなったのではないだろうか。このプロセスは、もうすこし深い注意力で分析する必要がある。井口は、しかも病弱であった。

　1925年（大正14年）3月、関東大震災で建物倒壊などのダメージ回復中の東京帝大を卒業したあと、すぐ定職についていない。この病身が関係あるのか、はたまた新人会との関係を疑われたのか、井口の家族によるとかなり長い間、特高等に監視されていたという。新人会での役割は、それほど大きかったと思えないのに。

　新人会の会員動向の研究には、H・スミスの『新人会の研究』がある。

スミスは、会員とされるメンバーひとりひとりにあたり、そのリストを完成させている。このリストに井口が入っていないのは、スミスの作業が、井口の他界のあとだったからかも知れない[4]。新人会のメンバーでもあった石堂清倫、竪山利忠の『東京帝大新人会の記録』（昭和51年、経済往来社）の付録の会員名簿にも、井口の名はない。

ともあれ、井口一郎は、大学卒業した年、大正14年11月、8ヵ月目に国民新聞社に入社する。家族の話では、大学の教授の紹介だったとされる。二つの新聞社が紹介されたが、徳富猪一郎（蘇峰）が経営していた国民新聞社で政治記者としての第一歩を踏むことになる。いずれにせよ、「立身出世としての社会運動」[5]のように、新人会エリートのいきざまにまみれるほど、器用ではなかったようだ。人生不器用なスタートだったといえる。

3. 国民新聞記者時代の人脈

国民新聞は、いうまでもなく徳富蘇峰が、雑誌『国民之友』の栄光を背に、1890年（明治23年）創刊した日刊紙で、明治から大正にかけて、日本の言論界をリードした「大新聞」の一角であった。しかし、実際には蘇峰の政治的立場の変節や、世論の見誤り、国家主義への傾斜などで、新聞発行部数の浮沈激しく、必ずしも安定した経営とは、よべなかった。井口が入社した大正末期は、それでも大正12年の関東大震災による破壊的打撃から立ち直るべく『主婦の友』社長の石川武美を副社長に迎え、ついで大正14年5月には、東武鉄道の根津嘉一郎（甲州財閥）から資本導入をはかり、再興への道をあゆみ始めようとした矢先であった。

徳富蘇峰も、このとき、すでに52歳、かつての馬力に翳りがさしていた。日清戦争頃から次第に国家主義への傾斜をつよめ、『国民之友』を創刊して平民主義を宣撫して、知識人、青年層を魅了した時期の輝きを失っていた。自身の政治的、思想的転向や変節も、新しい読者層の獲得するのにマイナスであった。明治末の貴族院議員への登用が、国家との結びつきをいっそう強める結果にもなった。

商売人の根津嘉一郎の方は、撤退した石川武美の跡を襲って、国民新

聞を株式会社に改組、資本金300万円のうち155万円を占めて、経営権を握った。しかし、新聞の退勢は挽回すべくもなく、読者は激減、根津は、蘇峰の編集・執筆（「一日一題」のコラムで読者に愛読されていた）にまで介入するようになったといわれる。ついに蘇峰は、1929年（昭和4年）1月5日、有名な「不肖は国民新聞社長及記者を辞退」、「理由の一は、筆政の不自由と不安心の為」とする、根津への訣別する一文を掲げて、新聞社を去った[5]。

　蘇峰は、国民新聞社から手をひいたが、もうひとつの言論機関ともいうべき民友社の経営は続けていた。歴史的には、民友社の方が古く、1887年（明治20年）、赤坂に熊本時代の大江義塾の郎党とともに設立、夥しい数量の出版物を世に送っていた。当代を代表する知識人を糾合し、いわば国民新聞と両輪のくるまのような役割をもっていた。国民新聞社を退いたあとも、蘇峰・晩節の大著『近世日本国民史』（全百巻）をはじめ、自身の著述、評論集、名著の復刻、時代をえた通俗出版などを出版し続けた。ジャーナリストとしての拠りどころでもあった[6]。

　井口一郎が記者生活を始めた国民新聞は、こういう背景だった。キリスト教の思想に一度は浴した井口は、蘇峰を尊敬していた。蘇峰が、国民新聞社を辞職する直前の1928年（昭和3年）には、蘇峰に請われて、民友社から「国民パンフレット」シリーズの一巻として、『我国の無産政党』という小冊子をだす。知られている限り、井口の最初の単独の著作で、28歳のときである。内容は、政治記者としての取材をもとに、おりから時事問題の課題であった無産政党のあらすじをまとめた通俗的なものであったが、取材対象は、かつて親しくもあった新人会の会員達が主役であった。

　しかし、井口は、その三年後、蘇峰が去って二年後、自からも、国民新聞を退社する。履歴書には、「家事ノ都合ニ依リ」とあるが、家は、地方官史であり、また日をおかずして大阪時事新報へ再就職するので、この表現はいかにも不自然である。井口一郎の家族とのインタビューでは、根津の蘇峰への仕打ちを怒っており、蘇峰の後を追ったというのが真相であろう。

　このあと、つてを頼って、『大阪時事新報』編集局に勤務、家族を伴っ

ての着任であったが、ここには、まる2年働いた。そして、昭和8年12月、こんどは、本当の健康上の理由で退社している。家族の言では、井口一郎は四高時代、腸チフスを患い、すんでのところで手遅れになるなどしたため、病弱になった。そのあと二年間ほど定職がなかった模様である。

『大阪時事』は、『大阪時事』を柱に、『京都日々新聞』『神戸新聞』の三社により、「三都合同新聞社」として、発足していた。

これら各新聞社での政治記者としての仕事は、東京帝大法学部出身というキャリアとあいまって、政界に多数の知己を得る機会になったことは確かである。

東京へ戻ってから「もの書き」として多様な仕事に携わっている。複数の履歴書のうち別の異文のものによると、『大阪時事』を退社後、帰京しておりから鶴見祐輔がまとめていた「後藤新平伯伝記編纂会」の事務嘱託の仕事についている。政治記者としては、鶴見祐輔との知己はあったし、東大法科の先輩でもあった。これが、どうやら井口一郎と鶴見ファミリーとの付きあいが始まる接点をもつきっかけのようである。いうまでもなく鶴見祐輔の妻・愛子は、後藤新平の娘だ。

「編纂会」は、後藤新平の死（昭和4年）後、伝記編纂の気運が高まり、日比谷公園内にある後藤新平ゆかりの建物・東京市政会館に事務所を開設してスタートした。おりしも、後藤伯爵邸から、数千点の蔵書とともに、二百数十梱包の資料が届けられ、その整理に有能な人材を必要としていた。そこで「編纂会」は、昭和7年2月、後藤と同じ岩手県出身の新渡戸稲造ら理事陣とは別に実際の実務をすすめる編纂委員会を組織して具体的な作業に着手した。編纂委員には、岩永裕吉、鶴見祐輔、前田多門ら六氏がえらばれ、同時に伝記執筆を、後藤新平の娘婿である鶴見祐輔が指名された。

鶴見祐輔のもとに、実際に作業にあたる三人の人材がつけられた。沢田謙、瀧川政次郎そして井口一郎であった。瀧川も、のち建国大学教授になる東大の先輩である。「後藤新平伝」全三巻のうち、第一巻は、昭和12年、後藤伯死後8年の命日に霊前に捧げられたが、鶴見祐輔は、三人の作業従事者について述べている。鶴見祐輔は、これとは別に台湾統治時を中心にした普及版の『後藤新平伝』を1943年、太平洋協会か

ら出版している。7千部が印刷されたとある[7]。

井口一郎ら「三君は、材料蒐集、整理より、或部分の執筆にも助力せられた」[8]と鶴見祐輔と井口一郎の近しい関係にふれている。実際、伝記の相当部分は、多忙な鶴見にかわって、あるいは、その指示により新聞記者出身で、専任として働いている井口の手になったことは疑いない。とくに第三巻での役割は大きかった。同時に、井口は全三巻の後藤新平伝を纏めあげる仕事を通じて、新聞記者として断片的なニュースを追う方法とは別に、時間をかけて、ある大きな成果物を生みだす道もあることをこのとき知った。学問的方法である。

井口一郎の心の中に、将来学者になる希望が、すこしずつ芽ばえてきたのは、この頃ではなかったかと思われる。学問の面白さを知り、また病弱ゆえ激務の新聞記者の仕事に戻ることが必ずしも適当でないことも感じていたであろう。

この時期に、井口の将来に大きな影響を与えた人物に鶴見祐輔とならんで小野秀雄がいた。「新聞学」の泰斗・小野との出会いは、運命的といえる。小野は東京帝国大学独文科を卒業して萬朝報に入り、記者生活を始めた。井口より16歳年長だったが、新聞記者から新聞研究者への道をひと足早くあゆんでいた。小野は、萬朝報から東京日日新聞（のちの毎日新聞）に移っていたが、社内での対立がらみの内紛で休職になっていた。

小野はこれを機に名著『日本新聞発達史』の完成に集中していた。小野は、その間、上智大学に新聞学科を開設し、人脈を利用して当代一級の記者たちを講師陣に措えた。杉村楚人、千葉亀雄らにまざって、井口一郎も1934年（昭和9年）から講義をもつことになった。「政治学演習」のクラスを担当したとある。この非常勤講師の仕事、断続的に1943年（昭和18年）まで、10年ほど続く、非常勤講師という薄給で、不安定な仕事ではあったが、井口一郎は、新聞記者から、研究者への航路に確かに舵を切ったのである。

4. 上智大学新聞学科講師と地政学研究

　井口は、上智大学新聞学科講師の不安定な収入を補う必要があった。また研究者としての仕事のチャンスでもあった。この両者の仕事は井口の仕事や人脈の間口を広げもしたし、また行政の業務にも接近することになる。さらに重要なことは、新人会会員の"集団的転向"の潮流からの波しぶきも被ることになる。

　研究者としての業績と考えてもよい後藤新平の評伝づくりに派生して、新聞記事ではない、もの書きの要素も加わった。それも、いわば生活費のためである。

　いま知られているひとつを紹介したい。

　井口は、1937年（昭和12年）に、『実例つき謄写版印刷秘訣』[9]という入門書を「一心社」（九段）から著している。肩書をみると「東京府学務課・授職部講師」とある。サイドビジネス的な講師業のひとつであろう。

　内容は、製版技術、特殊製版法（ツブシ、線の引き方など）といったガリ版印刷に必要な基礎知識で、東京府はじめ各県庁が実施していた授産講座のテキストである。この謄写版技術の訓練は、日本の伝統的な職業訓練のひとつで、第二次大戦後まで都道府県の職業教育センター等で採用していた代表的なカリキュラムである。1932年（昭和7年）に、大阪市立難波商工補習学校に謄写版科ができて以来、府県では、一種のブームになっていた。謄写版印刷機も堀井謄写堂の特許が切れて以来、メーカーが乱立、一心社も「エビス」ブランドの「内外謄写堂」の総代理店を兼営していた。井口は、東京府の講師として働いていたわけだ。

　さらに1937年（昭和12年）7月には、その語学力を買われて、オーストラリアで開催された「世界新教育会議」へ、鶴見祐輔の随員として参加している。もともと鶴見は、海外事情に明るい「国際派」の政治家として、数多くの海外視察、国際会議出席をしている。この教育会議への出席も、そのひとつであったであろう。時は、蘆溝橋事件が引きおこされた直後でもあり、日本の国際的孤立への心配は大きかった。もともと政治記者として政治情況に敏い井口にしても、この初めての「洋行」に

は、大きな意味があったにちがいない。

　ただ鶴見と、井口には、その後多少の軌道の相違はあった。鶴見は、国会議員、政党のリーダーとして、海外の対日世論の硬化に国際交流を通じて悪化を防ごうという思いがあったが、井口は「太平洋協会」やがて「日本地政学会」の幹部に就任するなかで、ファシズム思想に深入りしてゆくことになる。日本全体の変化の中であった。

　この相違はなんだろうか。その相違の基底は、個人の経済的事情があったのではないだろうか。これは、「転向」を研究してゆく上で、筆者のかねてからの仮説である。

　井口は、1938年（昭和13年）末、内幸町にあった「太平洋協会」に弘報部次長として迎えられる。太平洋協会は、のち後藤新平の伝記編纂作業もおこなわれていた市政会館に移転した。ただ、この団体の活動については、いまひとつはっきりしないが、履歴書によると、弘報部次長から同協会調査局勤務になっており、かなりの程度フルタイムに近い仕事をしていたのではないか。

　この協会勤務、1943年（昭和18年）2月、満州の建国大学に着任のため日本を離れるまで続く。

　それでは太平洋協会での仕事はなんだったのか。同家に残存している資料によると、「太平洋協会学術委員会第二部国際政治研究部会組織案」には、つぎのようにある。

　目的　大東亜共栄圏ニ対応シテ国際政治学的基礎的研究組織神川東大教授ヲ中心トスル学者の共同研究
　運用　常任幹事平野義太郎

　平野義太郎は、東大独法科の先輩。太平洋協会では、民族部長兼調査部長。太平洋協会がまとめた大論文シリーズ「太平洋全集」の出版を指導した。そのひとつ『ソロモン諸島とその附近』（1943年）の序文で「我が太平洋協会学術委員会は、ソロモン戦の戦闘開始と共に、夫々の専門を通じて該地域の研究に没頭した」と軍事行動の推移に沿ったことを明らかにしている。執筆者には、東大等の教授、陸大教授、新聞記者らを

網羅した。「大東亜共栄圏」思想は、太平洋戦争の進展とともに、作戦と切っても切れなくなっていた。

参加メンバーとして、井口のほか、信夫清三郎（マルクス主義歴史学者）、逸見重雄（京都学連事件の被告、戦後法政大学教授）、松下正壽（国際法学者、立教大教授）、延島英一（筆名高倉共平、アナキスト系の印刷工）、神川彦松（東大教授・国際政治学者）ら15名がリストアップされている。

いやはや呉越同舟の大変なメンバーである。共産主義者から、国家主義者まで横断した陣容である。共通項は、国際政治論である。たとえば、逸見重雄は東京帝大から、河上肇を親って京大経済学部に再入学、学生時代から社会主義運動の指導者として頭角を現し、京都刑務所に10ヵ月間拘留されている。たび重なる入獄のあと、1938年から1940年、太平洋協会の嘱託として仕事をしている。三高で仏文、そのフランス語能力を駆使して、1940年『仏領印度支那研究』を刊行している。翌1941年夏、ベトナムに渡航、インドシナ半島研究をライフワークとする研究者である。

ともあれ、メンバーは"雑多"ではあったが、国家主義者からマルクス主義者まで、アジアにおける列強の支配（植民地）解放という点では歩調を合わすことができたのだ。これが「大東亜共栄圏」思想の背景のひとつであった。井口の書き込みのある、この「研究部会」の「研究の輪郭」文書によると、「大東亜共栄圏」や「大東亜共栄圏主義」を政治、経済、言語、宗教などから総合的に研究し、理論づけようとしたようである。

書き込みには、三民主義、アングロサクソン、諸民族との調和など、重要な課題にも言及されていたことがわかる。また各論の対象の第一に、「支那及満州（シベリア）」とあり、当時の日本の対外政策の重点を読みとることができる。

この「太平洋協会」が、どれだけの研究成果をあげたのかは、まだ十分研究されていない。

しかし、国家主義者からマルクス主義者までうって一丸となり、アジアの欧米帝国主義からの解放、諸民族の協和、その上での経済的貧困からの脱却という点で足並みをそろえていたことは確かだ。これが、やが

て井口をして満州国建国大学教授への赴任の思想面での整合性となって
ゆくことになる。「革新」官僚、反植民地思想の学者、転向組の知識層
が足並みをそろえるという後藤新平好みの運動は、満鉄調査部、建国大
学、太平洋協会に共通する。

1938年（昭和13年）に発足した太平洋協会は、短期間に夥しい出版物
を世にだした。そのひとつが、地政学理論の導入と普及である、ハウス
ホーファーの『太平洋地政学』(岩波書店、1942年)、佐藤荘一他『ハウスホー
ファーの太平洋地政学解説』(六興出版部、1944年)など、この分野に入る。

ハウスホーファーの地政学理論の骨格となった『太平洋地政学』(原
書は、K.Haushofer, *Geopolitik des Pazifischen* (Ozeans,1938) の訳者は太平洋協
会（佐藤荘一郎監訳)、出版は岩波書店だが、序文の中で、井口一郎と信
夫清三郎が業務を分担、校合（きょうごう）などで責任ある仕事をしたことが記されて
いる。

もうひとつの分野が、太平洋のエリアスタディーズともいえる研究と
出版だ。

太平洋協会調査部『旧蘭領印度の税制』(六興商会出版部、1943年)、
太平洋協会学術委員会『ソロモン諸島とその附近』(太平洋協会出版部、
1943年)、太平洋協会『太平洋問題の再検討』(朝日新聞社、1941年)、太
平洋協会『南洋諸島』(河出書房、1940年)、太平洋問題研究叢書『マレ
イシアの農業地理』(中央公論社、1942年)。

この何百という太平洋の陸地や島々の個別の研究となった地点は、い
ずれも日米戦争において日本軍が上陸・進攻したところである。これら
の出版に、名うての日本の大手出版社が、競って時流に乗って版元になっ
たのである。井口も、この時流のなか1941年（昭和16年）11月、すな
わち日米開戦の1ヵ月前、日本地政学会の理事に任ぜられた。

5.　東大新聞研究室研究員の業績

井口一郎にとって、この時期に、もうひとつ重要なキャリアが生まれ
ている。1936年（昭和11年）5月、東京帝国大学文学部新聞研究室の有
給研究員に任ぜられたことだ。井口の先輩である小野秀雄には、かねて、

東大に新聞研究所を創設したいという構想があった。小野は、新聞社を離れたあと、東大で社会学の大学院生になっていた。社会学研究室の中にも、次に増設する講座は「新聞学」という構想があったようだ[10]。その調査ということで、小野はベルリン大学に留学、ミュンヘン大学、ミュンスター大学など訪ねカール・ビュッヒャーら著名な新聞学者と接見、大学教育の見学、図書・文献の購入など大車輪の調査を実施している。当時の新聞学研究の一大中心地がドイツであった。

　しかし、小野が帰国してみると、新聞研究所や講座の設立は、それほど簡単ではなかった。

　スポンサーの岩崎家も、関連の学者も、事情が変っていた。それでも小野は、その後も、何年もかけて運動し、準備をしている。この苦心を、『新聞研究五十年』の中に、長々と記述している。そして、1929 年（昭和 4 年）になって、東大に寄付講座としての「新聞研究室」が、文学部内に設置された。この発起人の中に、渋沢栄一（代表）、徳富蘇峰らの名もみえる。新聞社が、この機関に資金協力をしてゆくというういしずえとなった。

　この新聞研究室の目的は、「新聞の学術的研究と新聞を希望する学生の指導」で、第 2 次大戦後の新聞研究所設立まで続く路線だ。南原繁（法）、戸田貞三（文）、河合栄治郎（経）の三教授が指導教授となり、小野秀雄は文学部嘱託の身分で指導補助とされた。さらに研究員には、小山栄三ら三人が採用された。第一期の研究員である。

　井口一郎は、1936 年（昭和 11 年）第二期研究員として採用された。研究員は有給（月額 30 円）であったが、フルタイムの雇用とはいえないので、他に仕事をもちつつ週 1 回の合同研究会に出席すること（週 2 回は登校すること）が義務づけられただけで、あとは自由に仕事や研究ができた。研究員は、研究室に研究生として許可された 10 人前後の学生（期間 1 年）の指導、研究室の共同調査への参加、各自の研究論文の準備などで、週 2 日ていどの出勤をしていたようだ。小山栄三は、その初期の業績「原始的公示形態と通信方法」を発表、井口は「フリードリヒ大王の新聞政策」の論文を完成させた。研究員の業績は、いずれも小野がドイツで入手した図書・文献が大いに役立ち、その戦争遂行という時局の流れを別にすれば今日の水準からみても、かなりの出来栄えであった。

井口の研究は、新聞研究室の設立 10 周年記念（1936 年秋）の会で、小野秀雄、小山栄三、鍋島達とともに報告された。この発表会には戸田貞三教授のほか、土岐善麿（当時・東京朝日新聞）、阿部真之助（同・東京日日新聞）らが出席、一場のスピーチをしていると『新聞研究五十年』に記されている。

6. ドイツ新聞史研究と「時局」

井口一郎の論文は、当初、新聞研究室の第 4 回研究会で発表されたものを、小野秀雄を代表とする研究室の非売品として発行された [11]。その序文に神川彦松・法学部教授は、「研究室の研究員は定期的に研究報告を提出する」義務があるとしている。

内容は、第 1 部新聞の検閲、第 2 部報道機能と国策、からなり、日本で進められていた軍部の新聞統制・言論規制の強化の国策に沿う歴史的研究であった。

18 世紀フリードリヒ大王治政下の新聞検閲をめぐる大王、行政官、作家達の間を意見、賛否等をまとめたハンス・ミュンスターの著作 [12] を手がかりにした研究である。治政下のプロシアは、戦争等でプロシア人民や、その他周辺のドイツ国民の覚醒がすすみ、新聞類も興起した。「啓蒙専制下の開化」とされ、このため「無制限の自由」（Unumbeschränkte Freyheit）の状況となり、国王と行政官との間の溝も生まれた。

1740 年にフリードリヒのシレジア進攻を掲載した A・ハウディの新聞 [13] への政府の検閲という問題がおきた。当初、ハウディを拒否していたが、内閣が、処罰令状を発するに及び、結局この検閲を受け入れることになる。大王はもともと新聞への干渉には否定的だったとされているが、この戦争という事態に振り出しにもどされた。政府は、1755 年、9 項目からなる報道禁止を命じた。すなわち、新兵の徴集、弾薬の輸送、軍隊内の昇給、軍関係の財政など、戦争準備を感知させるようなニュース類である。

フリードリヒは、さらに進んで、戦争の準備の際、新聞の利用を考えることになる。プロパガンダの原初型である。1767 年にはフリードリ

ヒは、「官庁新聞」CourierduBas-Rhin を発行せしめ、外国への頒布せしめた。一般の商業紙の利用にも積極的で、シレジア戦争の準備や緒戦では、一種のプレスリリースを乱発して、新聞に掲載させた。これもパブリシティの原型であった。大王の発したプレスリリースは、声明 (Deklaration)、告示 (Patent)、宣言 (Manifest)、意見 (Deduction)、パンフレット (Flugschriften)、信任状 (VertranlicheSchreiben)、回章 (Zirkla-Reskripte)、追想録 (Memorien)、官庁文書 (OffizielleArtikel) と、考えつくあらゆるレターヘッドが付せられた。

のちに J・G・ドロイゼンは、30 本の戦報ニュースを調査、そのうち 20 本が、フリードリヒ大王自身の手で作成されたことを、つきとめ、戦況の内容の真実性に疑問を呈している。戦争では、国民や兵士を鼓舞し、また欺くために、必要以上に誇張し、ときには事実無根の勝利を報じた古典的なプロパガンダ事例であった。

これはプロシア側だけではなかった。1774 年初期、オーストリアが、プロシア人民の反乱を嗾す情報を流すと、大王は、反対論を新聞に掲載させ、1741 年夏には、ザクセンをオーストリアから離間させる策として二つの工兵隊を編成、その事実を新聞に大きくのせて、逆にザクセンに脅威を惹起させるプロパガンダをおこなった。

デマゴギーの創作にも手を染めている。たとえば、ある戦況を、ベルリン作成なのに、ニイデルエルグ発と書かせて、ライデンの新聞が記事にしたため、敵方は身近に迫っていると錯覚させて戦意を損わせた。ザクセン進攻時も、8 月末プロシア軍が国境を越えてから一週間以上経た 9 月 4 日に新聞へ情報を流すなど、7 年戦争の間、双方が、プロパガンダ、デマゴギー、士気への情報リーク、外交的かけひき、世論工作を実施して、コミュニケーション操作をおこなった。これは、新聞だけでなく、郵便システム[14] など、あらゆるコミュニケーション・ツールがその操作に動員されている。

大王が、7 年戦争直前、プロシアの外交団に、それぞれの任地で、「新聞を通じて世論を動かす」ことを命じ、また、各任地で、記事の反応の報告をさせている。世論の重視である。プロシアの一外交官には、オーストリアの支配下、自宅に印刷機を設置し、プロシアの考えを印刷して、

各国に配布する謀略活動までさせている。井口論文は、フリードリヒの思想は、新聞報道が、あくまで国家中心で、人民という概念を関知していないと結んでいる。

フリードリヒ２世は、「予は国家の公僕」と宣言し、啓蒙思想家で、品性高く、文学にも造詣深い大王であったとされたが、近隣国からは軽く扱われていた。それで７年戦争に勝利してヨーロッパで覇を立てたいと思っていた。その勝利の戦術のひとつとして、新聞政策があったわけである。

この井口論文は、純粋にドイツ新聞史の学問上の一齣とみることもできるが、日中戦争の泥沼化、日米間の緊張、軍部の新聞統制、日独の接近といった背景を考えると、この論文の政治的意味は深い。井口一郎のその後の学問・思想に大きな十字架となるドイツのファシズム思想、カール・E・ハウスホウファーの地政学への傾注が浮かびあがってくる[15]。この一連の戦前の新聞学研究を指導した小野秀雄は、その責任について、何も書いていない。

本論文は、日本におけるコミュニケーション研究史の上で、落丁となっているプロパガンダ研究上の、井口の業績としての井口一郎研究の序論である。戦争におけるプロパガンダは、戦後の数多い国際紛争からウクライナ戦争に至るまで、新鮮なテーマである。

【注】
1) 履歴書は家庭に何種類か残存している。いずれも戦後のものであり、戦後、定職のない時代、仕官のために用意したものと思われる。ここに掲載したものは、昭和21年9月、「旧満州」から帰国した直後のもの。なお転記にあたっては、漢字表記等、田村が改めている。
2) 井口一郎の家族からの聞き書き。なお、同家には、数多くのインタビューに、いずれも長期間対応して下さり、また多数の資料、文献、情報の提供に応じられ、深く感謝したい。
3) 思想の科学研究会編『共同研究 転向 上』、昭和34(1959)年、平凡社、130頁以下。
4) H・スミス『新人会の研究―日本学生運動の源流』松尾尊兊・森史子訳、1978年、東京大学出版会。
5) 古川江里子「立身出世としての社会運動」『日本歴史』2006年11月号、

53 頁以下。

6) 蘇峰の退社は世間に驚愕、かつ同情をひきおこした。同業の各新聞社幹部はなん度か慰労会を開いている。そのひとつ昭和 4 年 1 月 21 日東京会館での慰労会で、蘇峰は長時間「予は何故に国民新聞を去りたる乎」の講和をおこなっている。その中で、心中を次のように述べた。

「出資者は恰も国民新聞を自己の私有物でもあるかの如く、事務局は勿論、編輯局に向って、甚大の干渉を加へたのであります。(中略) 紙面を利用して己れの好まざる者を攻撃せしめ、己れの利益とする所を鼓吹せしめ、恰も国民新聞を金儲けの道具か、己れの私意私情を逞しくする機関と心得てゐる」(徳富猪一郎著『新聞記者と新聞』昭和 4 (1929) 年、民友社、161-162 頁)。

7) 民友社自体の出版活動は、蘇峰の著述を中心に活発であった。大正 5 年に出版した蘇峰の『大正の青年と帝国の前途』は、大正末までに 200 版近く増刷されている。

8) 鶴見祐輔「編著者の詞」『後藤新平』昭和 12(1937) 年、9 頁。

9) 騰写版は、謄写版が正しく、この本は表紙から誤字。中身は謄写版になっている。

10) 小野秀雄『新聞研究五十年』1971 年、毎日新聞社、150-151 頁。

11) 井口一郎『フリードリヒ大王の新聞政策』1938 年、全 118 頁。

12) Münster, H.A., *ZeitungundPolitik*.1935.

13) AmbresiusHaude は、Berlinische Nachrichtenvon Staatsund Gelehrten Sachen を発行していた。

14) Droysen, J.G. の文献では、オーストリア側は、郵政長官 ReichspostMeisten の名で、プロシア側に有利な記事を書いた新聞の配達を禁じた。また郵便配達線は、1494 年以来、ThurnundTaxis 家が独占・世襲的利権をもっていたが、プロシア側も対抗して、その新聞配達を阻止したとある。(井口、前掲書、92 頁)

15) 井口一郎と Karl E.Haushofer の地政学、その結果としての満州建国大学教授着任については、第二章で検討した。

第二章

建国大学時代の井口一郎

―新聞学から弘報論へ―

1. 建国大学の創立と日本人研究者

井口一郎は、1943年（昭和18年）、「満洲」の首都・新京市に生まれた建国大学に着任、ここで敗戦をむかえ占領してきたソ連軍の野蛮な略奪等で辛酸をなめる。第二章では、建国大学に教職の仕事をえた井口の時代、建国大学とは社会科学者にとって何であったのか、その開学の理念と日本人学者を惹きつけた「王道楽土」と、汎アジア主義、現実の教育と日本人学生、日本人以外の学生の意識や抵抗感、そしてソ連軍の突然の侵入と閉学、教職員、学生たちのその後の苛酷な運命について解明したい。苦難の戦後を新京、すなわち長春でかいくぐったのち、やがて帰国し戦後の新しい生活にはいるのだが、井口はじめ関係者の生き様は一様ではなかった[1]。

ここでは、本章で使われるいくつかの用語について、まず暫定的に説明しておきたい。「満洲」の用語法は、いうまでもなく、日本（の軍部が中心になって）が、1932年、現在の中国東北部に創作、1945年、日本の敗戦とともに胡散霧消した「満洲国」のことである。満洲の語源は諸説あるが、発音としては、満洲語の「マンジュ」の漢字音訳表記とされる[2]。また、民族名では、女真族の流れだが、清朝成立後、乾隆帝勅撰の一書「満洲源流考」によって公文化されたとされる[3]。しかし、満洲でいう「満人」とは、用語の狭い意味での少数民族「満族」を指してなく、広義に満洲に住んでいた中国人ということで、「満族」は、溥儀など旧清朝の一部の官僚などの流れをくむごく少数のものと、満族の集団的に居住する鳳城、青龍、密雲などの県出身の「満人」に限られていた[4]。清朝自体がもともと少数異民族である「満族」の支配する王朝であってみれば無理からぬはなしである。したがって満洲で通用していた「満人」という用語には注意が必要である。また満洲国の版図は、河北やモンゴールの一部もふくむなど、相当に歴史的また政治的、意図的である[5]。

重要なことだが中国でいう民族とは、中国の政策的イデオロギーに規定されており、時代と歴史の制約をうけている。その民族数も各民族の人口も自然増、社会増、文化増によって変動している。中国における民

族の人口変動はこの文化増に負うところが大きい。社会全体では人口の変動はないが社会増、文化増ではそのカテゴリーの人口は変化する[6]。

　現代中国では「偽満洲」としているが、本論文では、歴史的用語として、たんに満洲とする。その満洲国の首都、新京（長春）に、満洲国立大学として「建国大学」が創設され、おおくの日本人が研究者、職員、学生として海を渡った。その、ひとりが井口一郎であった。

　本章では、その建国大学へのあゆみ、日本の知識人の満洲志向、軍国主義への迎合の過程に踏みこんで考えたい。建国大学は、満洲国立大学ではあったが、その成立の後押しは、満鉄（南満洲鉄道株式会社）であり、日本軍（関東軍）や軍部であった。いうまでもなく、満鉄も満洲も、日本の海外侵略の装置の一環であったが、日本国内の経済的困難、土地なき農民、鬱積した知識層には、「王道楽土」にも映った。また、王道楽土にみせかける宣伝、位置づけするイデオローグが存在し、その存在を醸成した思想的土壌もあった。満洲の諸民族のあいだにも長年抗争を続けてきた対立、闘争に終止符をうつものとして迎え入れた背景もあったろう。それでは、「王道楽土」とは、いったいなんだったのか、そして本当に「王道楽土」であったのだろうか。

　王道楽土、すなわち英明な君主のもと仁徳による政道により人々が安心して生活できる国家、を意味した。民主的な合意、手順、内容をもつユートピア（烏託邦）とは異質である。現世楽園[7]、順天安眠、五族協和の満洲国が溥儀を皇帝とし、その官僚機関が直隷下にあってみれば、はじめからユートピアでもなんでもなかった。しかも、王道楽土思想を醸成した日本の軍部、官僚、学者、企業家には、海外への鬱積感のはけ口を求める「汎アジア主義」にとって格好な思想であった。この海外への鬱積感の風穴の動きは明治以来、平成の時代にまでこびり付いている思想的残土である。平成の時代における「東アジア共同体」思想の発芽にもこの残土の臭いがあり、吟味が不可欠である。

　「希望としての満洲移民、動員としての満洲移民」[8]あるいは、その双方で、100万という単位の日本人が極めて短期間に玄界灘の荒波をこえた。井口一郎も、多分希望をもって船に乗ったひとりであったろう。「移民」という用語にも注意が必要である。明治以来、「北海道移民」を別

として数多くの日本人が海を越えたが、その社会的、政治的条件は同一
ではない[9]。国家や社会を横切る横断的社会移動はいつの時代にも発生
するが基本的に「労働移民」（Migration Worker）が多数である。問題は
移民を受け入れるホスト社会がどのような対応をとるのか、である。移
民とホスト社会の間で、軋轢、摩擦、抗争のない例は少ないが、その点「満
洲移民」は世界の移民史のなかで最悪の事例として記憶されるであろう。

2. 満州建国とジャーナリズム

　井口のなかの満洲認識は、大阪の『大阪時事新報』時代にはぐくまれ
た、と考えたい。井口が、昭和6年から8年まで2年間働いた大阪時代
は、まさしく、国策の熱病、ユートピアとして語られる満洲であった。「満
洲移民」「移住」「赴任」も、東日本よりも深層で地滑りしていた。京都
帝大、神戸高商その他出身の知識層の流れも大きく、また、勤務先の『大
阪時事新報』の記事にも溢れていた。同紙は、1905年（明治38年）3月、
東京の『時事新報』の大阪進出のための拠点として創刊された堂々たる
「大新聞」であった。慶応義塾の卒業生が、大阪でも台頭してきたのを知っ
て、日露戦争の機会をとらえての発刊である。旅順・奉天戦にせよ、日
露海戦にせよいうまでもなく、大阪のほうが東京より、前線に近かった。
　『大阪時事新報』は、福沢諭吉の後光のもと、また、福沢諭吉の次男、
捨次郎が父の死後、設立して社長に就き、大阪での影響力の拡大を図っ
たものの『朝日新聞』『毎日新聞』の伝統をもつ二大新聞にはさまって
苦戦はしいられていたが、『時事新報』のバックアップでそれなりの評
価はえていた。『大阪時事新報』には、平井太郎（江戸川乱歩）、難波英夫、
片岡鉄平、貴司山治、小林登美枝らが新聞記者時代をおくったように、
知識人からもあてにされていた[10]。特異な小説、甲賀三郎「妖魔の哄笑」
が連載されたのも、ほぼ井口が編集部にいた昭和6年秋から半年である。
　なによりも、『大阪時事新報』が、井口を招いたのは、満洲事変であ
る。満洲事変では、大阪の新聞は激しい号外合戦でしられるように、そ
の速報と読者の興味をひきたてるべく、多大の人員と経費を投じた。『大
阪時事新報』は、朝日、毎日にかなり差をつけられていたとはいえ、手

を拱いているわけにゆかなかったのである。もともと、大阪の産業は綿織物に代表される朝鮮半島や大陸との三品交易が大きな比重をしめていた。

とくに、日露戦争以降、大連、羅津、釜山経由の大阪商船の通運、大阪資本の大陸進出、移住が活発になり、大阪の各新聞社の重要な取材先となった。この報道合戦、朝日、毎日両紙の覇権確立で終わった。井口がこの報道合戦で新しい人間関係、満洲の情報、大陸への関心をえたことは、間違いない。この時期の『大阪時事新報』の紙面の大半が失われているので、井口がどのような記事を書いていたかは、まだ詳らかでない。

神戸大学図書館等に残存する同紙のクリッピングをみると、昭和７年３月、成立したばかりの「満洲国」への関西地方からの移住・移民計画や実施の記事があふれている。たとえば、天理教による移民計画が「関東軍移民部」から許可され、「関東軍および同移民部、ハルビン特務機関、第○団司令部、ハルビン憲兵隊」等の支援で、ハルビン郊外の国営移民地の一部約1000町歩の分譲になった、と伝える[11]。

日本の交易が欧米列強の圧迫で進路が閉ざされ、産業が大陸を向いていただけでなく、土地のすくない農民も、また知識層にも、一途のひかりが大陸にあるかのように映ったのである。皮肉なことに、井口を招いてまで、大阪の報道戦争に参入した『大阪時事新報』は、結果として、これら二大新聞の狭間につきおとされ、京阪神の『京都日日新聞』『神戸新聞』とくんでいた三社トラストにますます依存することになる。激しい報道合戦は、満洲事変で航空機を飛ばし、伝送写真システムを導入し、新しい高速輪転印刷機を購入するという巨大な投資にせまられ、『大阪時事新報』は、その負担に耐えられなかったのだ。なによりも、専売店制度の強固化に莫大な費用を求められ、それについて行くことができなかった[12]。井口が病を得たこともかさなり、『大阪時事新報』での二年間の記者生活に区切りをつけ東京へかえってきたのも、この時期である。

一方、『大阪時事新報』自体も、「時事」より遅れること、17年後に創刊された前田久吉の旬刊『南大阪新聞』、のちの『夕刊大阪新聞』に

吸収されるように 1942 年 7 月合併されてゆく。大阪の西成区で新聞販売店の経営から発って新聞を創刊しただけあって、前田は新聞読者の獲得、拡張では敏腕を発揮、先発の『時事』を呑み込んだ。戦時下の新聞統合の荒療治の波をかぶったのである。現在の『サンケイ新聞』の系統とかんがえられている。

　ところで満洲の建国時、日本のジャーナリストはどのように振舞ったであろうか。

3.　満洲へ、満洲へ

　満洲には、「満洲国」設立以前から日本人は存在していた。それは、いずれの国の場合と同様、やや冒険好きの商人、ひとやまあてようという若者、それらに寄生した怪しげなゴロツキ、その道具にされた「淫売婦」の一群、そんな集団のパイオニアだったろう。

　日清、日露の戦争でこの動向は確かなものになった。一例が、塚瀬進が、指摘したように [13]、日露戦争終結時の奉天の日本人は、50 人から、1 年後には 1500 人に急増した。その内訳は、日本兵相手の料理店、遊技場、雑貨店のほかは、「酌婦」303 人、「芸妓」68 人、他の都市も似たり寄ったりだった。日本が満鉄を接収し、その付属地に日本人町が形成されてきても、この傾向がなくなったわけではない。国策や社命で渡満した、「普通」の日本人が増えたことは確かだろうが、前記のいかがわしい日本人が皆無になったわけではない。これも、すべての国の移民、移住、植民地展開につきものの社会病理ではある。

　「満州国」の社会体制の整備のなかで、帝大などのエリート層、技術者、開拓農民の大群が押しかけることになる。井口はこのどのグループにも入れ難いが、あえて分類すれば「帝大出のエリート層」ということもできるが、満洲国政府や満鉄の官僚とはちがっていた。あえて、比較すれば、満鉄調査部の研究者と同様な思想的挫折、生活苦、「王道楽土」への淡い夢、研究生活の維持、という点で似通っていたといえる。「満鉄は "国家" そのもの」 [14] と草柳大蔵をしていわしめた巨大企業の頭脳にあたる部分が調査部であった。その 40 年間に生産したレポートは、実

に6200件に達した。

　資金の潤沢さ、資料やネットワークの豊富さにもまして研究スタッフの量質のずばぬけた優秀さは、日本国内の大学も足元にも及ばなかった。戦後、古巣の九州帝大に引き揚げてきた具島兼三郎をして、九大の貧弱さを嘆かせたというほどである。

　満鉄が満洲国の背骨なら、満鉄調査部は満鉄の頭脳であった。満鉄の初代総裁後藤新平は、日露戦争後の日本の大陸観を背景に満州地方を中心に大陸の実質を認識する調査活動を重視した。小林英夫がいうように「日露戦争の結果満鉄沿線は日本の領有圏に入ったとはいえ、中国東北はなお列強の争奪地であった。調査・情報網を張り巡らし、国際情報をいち早く捕捉することなくしては満鉄の安定的運営は不可能だった」(『満鉄調査部の軌跡 1907-1945』、2006年) し、日本の支配に服従しない"匪賊・馬賊"跳梁の情報蒐集は急がれていた[15]。

　満鉄調査部は1907年に大連本社のなかに組織されて以来、名称、組織、機構、人事はたびたび変更されたが、その情報蒐集という目的を達成するために、一貫して拡充された。スタッフの交替や拡充のなかで、軍部ののぞまない各種の"不純分子"も吸収していったこともあり、1930年代の後半には、"左翼的"とみられた日本国内での「転向者」の研究者も採用されてきた。とくに、軍部を刺激したのは、具島、伊藤武雄、中西功、尾崎秀実らが参加して完成した「支那抗戦力調査」(1939年) や、「日満支インフレーション調査」(1940年) などであり、これらの調査事業に端を発して1942年から翌年にかけて、関東軍憲兵隊により「満鉄調査部事件」として知られる弾圧がおこなわれる。

建国大学正門 (出典：満洲国通信社)

事件では、満鉄調査部職員を中心に70名ちかい日本人が逮捕されたが、この中には、具島のほか石堂清倫、伊藤武雄、田中久一、野々村一雄、堀江邑一、西雅雄、鈴江言一、和田耕作らが含まれている。敗戦までにかれらのうち5名が獄死、他も刑罰をうけた。弾圧により、満鉄調査部はちからを削がれることになる。皮肉にも、井口一郎が建国大学に赴任するのは、この弾圧事件の最中のことであった。

　建国大学の位置づけは微妙である。満鉄調査部とことなり、企業内の機関ではなく満洲国立大学である。調査よりも、研究や教育がしごとであり、満洲国の将来を担う人材の育成が主眼であった。キャンパスも、満鉄調査部が本社のある大連が中心（東京、北京などに出先機関はあった）であるのに対し、満洲国の首都・新京（長春）、それも中央官庁街に隣接して建設された。とはいえ、建国大学も満鉄のなりわいと深く結び付いていた。

　建国大学は1937年、満洲国国務院の決定にもとづき8月5日、大学令が公布されてスタートした。満州にはすでに、工科大学や医科大学は開校していたが、満洲国の高級官僚を独自に養成するはじめての総合大学で学長は形式的には国務総理大臣（満人）が就いたが、教学の実権をにぎる副学長は日本人（初代、作田荘一京都帝大教授）であった。作田荘一は中国人学生の大量検挙事件の責任をとり1942年6月に辞任していたので、井口が赴任した時には、第2代の尾高亀蔵（第19師団長、第3軍団司令官の経歴をもつ軍人）であった。

　「満洲国」の社会体制の整備のなかで、帝大などのエリート層、技術者、開拓農民の大群が押しかけることになる。このプロセスで、帝大出のエリートが満鉄などを支配したことは疑いないが、徐々に、関西の人材が一角を占めてくる。塚瀬も、1930年の職制改革時、本社12部の次長のうち、4部で神戸高商の出身者がしめたことがある、と指摘している。このほか、関西の大学、高校の卒業生、企業家、浪人、さらには農村からも満洲にむかう。

　建国大学の設立時にも、教員、職員、学生のなかから関西出身者を多数探し出すことができる。これは、後述したい。

　満鉄なしには、まず満洲を語れないが、その満鉄も、後藤新平なしに

は紐解けない。日露戦争後、日本の大陸進出の足がかりとして大連に満鉄（南満洲鉄道会社）が設立され、その初代総裁に就任した後藤新平は、鉄道のほか新聞、印刷、教育、文化事業に当初からつよい関心をしめしていた。満洲の代表的な日本語新聞である『満洲日日新聞』（以下『満日』と略称）は、統合、改題、発行地の移動、社主の交代と複雑な経過をたどっているが、満鉄が終始、大きな影響と支援を与えてきたことにはかわりない。

1911 年には、満鉄は正々堂々と、『満日』に出資している。当初の『満洲日日新聞』は、1907 年、大連で「満鉄機関紙」[16] として創刊されている。のち事実上の子会社として 100％の持ち株率となった。また満鉄は、その他奉天、ハルピンなどに次々と資本出資の新聞社を創刊するが、満洲国の首都となる新京（のちの長春）の『大新京日報』に資本参加するのは、1934 年になってからである。これは、満洲成立までは、満鉄の沿線がここまでであったことによるものと思われる。

満鉄のもうひとつの大きな文教事業が建国大学であった。満洲での井口一郎の役割は『満日』では、はっきりしないが、建国大学では専任教員として働くことになる。井口の履歴書では、薦任 1 等 3 級俸とある。俸給は月数百円、そのうえ官舎があり、日本での待遇とは較べものにならない。やがて簡任官に昇任している。

4.　建国大学教授・井口一郎

井口が建国大学の専任教員に単身赴着任するのは、1943 年（昭和 18 年）2 月である。家族を呼び寄せるまでは、南嶺のホテルから通勤した。新学期に間に合わせるためであるが、東京帝国大学新聞研究所研究員、上智大学講師、太平洋協会調査局員の仕事をそれぞれ辞任しての赴任である。日本はすでに太平洋戦争に突入し、1943 年春といえば日本軍は、ニューギニア、ガダルカナルの前線で敗退し、玉砕や撤退が相次いでいた最中である。戦況は暗雲垂れ込めていた。この時期にあえて満洲へわたるのはかなりの賭けであった。建国大学へ赴くについては、かつての後藤新平伝記のひきや太平洋協会の繋がりがあったことは想像にかたく

ない。

　宮沢恵理子によると、井口の就職には、東京帝大の南原繁、神川彦松の推薦があったという。南原は法学部、新聞研究所の恩師であった。神川は、日本を離れるまで属していた「太平洋協会」の幹部である。また、建国大学にはすでに、知己のある瀧川政次郎や、四高時代の恩師（哲学担当）四宮兼之のふたりがいた。四宮は、戦後ソ連兵により官舎を追われ、至聖大路の集合官舎に転居、不幸にも、その冬、ここで急死したという。くわえて、東京帝大・新人会の会員だった大間知篤三もいた。大間知は3.15事件で検挙され、治安維持法違反で服役もしている[17]。

　建国大学では、あれほど望んでいた学問の道、それも井口が得意とするコミュニケーション論の担当の正教授のポストであった。担当科目は、「政治制度論、国際政治論、弘報論、新聞政策論」、現在風にいえば「コミュニケーション学」であった。かれが自覚していたか、どうかわからないが、欧米で、「コミュニケーション学」が生まれるのと、ほぼ同じ時期に、この大学で、このように開設されたことは、興味深い。俸給も研究環境も、望んでいたよい待遇である。

　満洲国立建国大学は、1937年7月、関東軍の辻政信の肝いりで創立準備の会合がもたれ、満洲国国務院の建国大学令によって新京の地に産声をあげた[18]。いかに、満洲国政府や日本人関係者が、この大学に期待したか、その立地ひとつとってもうなずける。キャンパスは、満鉄の新京駅の南方、大同大街の先、およそ10キロ隔てた「南湖」周辺にとった。宮沢恵理子は次のようにキャンパス設計のエピソードを書いている。

　「65万坪の敷地の西南の角に『歓喜嶺』とよばれる丘があり、ここは満洲国経緯度の原点であった。ここからは人造湖である南湖を隔てて新京市街を一望することができた」。「辻政信は5万分の一の地図を広げ、建国大学用地として決定した場所の上に自分の拳骨を置き、その形をとってその場所を実測したところ65万坪であったという伝説」[19]が残っているとされる。

　その後も、キャンパスの周辺には、建国廟（大学系の施設）が建ち、大同学院、新京医大などの文教施設や、国務院などの政府公館、公務員宿舎がならぶ国家の中枢を形成していた。著者（田村）も、1980年代に

この地を調査したが、南湖には、高級公務員向けの「招待所」南湖賓館が建ち、建国大学跡には、長春大学、中国科学院長春分院、長春光机学院、長春郵電学院などの先端教育機関が生まれ、新京工業大学は吉林工業大学へ、看板をかえていたが、一帯はまぎれもなく、高等教育機関の建つ、文教地区であった。満洲国の政府機関は、吉林省政府の各機関に生まれ変わっていたが、満洲国を産み落とした辻政信らの都市建設のマスタープランはそのまま生かされていたのである。

建国大学は、新生、満洲国の幹部を養成することを目的にしたのには、違いないが、なによりも「五族協和」（日、満、鮮、蒙、露）をめざし、それぞれから入学者を選考し、よくいう「同じ釜の飯」[20]をたべ、起居をともにした。教員も日本人だけでなく、各「民族」出身の学者を採用し、配置した。しかし、日本人学生、教員は満洲国の将来を担うことが求められながら、国籍は日本人のままとか、教員・職員の賃金などの待遇に格差を設けるなど、矛盾をはらんでいた。

だから、第1期生150人のうち、実際に卒業したのは、約3分の2であったり、大学側を震撼させた赤化事件で、多数の学生が逮捕されるなど、波乱含みのスタートであった。満洲を産み落とした関東軍の将校のなかには、満洲に骨を埋めるなら、日本人も日本の国籍を離脱し、満洲国籍を取得すべきだ、という考えもあったようだが、日本人にはてんで受け入れられるものでなかった。

こういう話がある。

夏休みに、日本へ帰省する余裕のない日本人学生をひきつれて「満洲蒙古の旅」が計画されたことがある[21]。

満洲は、日本人のほか歴史的経過で、朝鮮人、蒙古人、満洲人、ロシア人、漢族、その他多数の少数民族が暮らしている複雑な民族構成をもっていた。とくに蒙古人は、内モンゴル、中国の長城以南（清朝や当時の中華民国）、ソ連（外モンゴル、ロシア）、満洲と異なる国や地域に住み、分断統治され「統一モンゴル」をめざす運動にも直面していた。満洲には、約100万のモンゴル民族が住み、大半は興安嶺以西に生活していたため、満洲国は、新たに興安四省を設置したほどだ。

建国大学の学生（日本人、蒙古人、台湾出身者）を二人の教員が自腹で、

この蒙古人の居住地へ「実体験」に引率したのである。ここで使う「人」は出身のエスニシティや地域で、蒙古人も「外モンゴール」という国家を意味してない。そこで、学生の見たものは、「五族協和」とはほど遠い、住民の「反日、反満」意識であった。公立学校に日章旗が掲揚され、天照大神を神体とする神殿が造営され、毎朝、現地の蒙古系少年に神社参拝をさせるというマンガ的演出に、建国大学生にすら違和感をあたえた。

　井口が新京以外の地に足をのばして、地政学や太平洋協会で学んだ多様なエスニシティの社会を実感したかどうか、判らないが、すくなくとも大学には、教職員、学生とも日本の国内では体験できない一種のマルチ・カルチュラルなコミュニティはあった。

　後藤新平は、台湾統治以来、植民地経営に独自の思想をもっていた。それは、「植民地統治の方策は生物学的原則に基づき、地文学的考察に照らし、過去と未来を推究」[22] するという思潮だった。地文学 (Physiography) にとって、満洲は格好の研究フィールドだったに違いない。

　「未知」の山地、河川、自然、人々、気候、文化と日本人研究者といわず垂涎の空間であった。まさしく井口が携わってきた地政学的理論の脈絡であり、地政学では測り知れない深淵である。満鉄も建国大学も、後藤の考えにもとづき、調査部門を設け、農村調査や実地踏査を励行した。今日、夥しい満洲の調査報告書が遺留している理由である。

　現代の中国の社会学者が「満鉄の遺した貴重な遺産」として、この満鉄調査部の報告書を大いに活用している。

　さて、建国大学の教育、研究組織や教員構成はどうなっているか。

5.　建国大学の教育と研究

　建国大学はその創立理念のように「五族協和」の名のもとに、幾つかの主要民族、すなわち日、満、蒙古、朝鮮、ロシアの民族グループから選抜された 150 人の一期生からスタートした。この場合の「民族」グループという用語法も詮議しなければならない問題が多い。中国や満洲における「民族」とはなにを指すのか、例えば日本人、満洲国に国籍、父祖

の地と、何ら関係なく、地域的「移動」したにすぎない。仮に満洲で出生した二世が増えたとしても、「満洲国民」というカテゴリーがあったわけでもない。「民族」や「エスニック集団」を形成するうえで重要な側面である帰属意識を問えば、疑いなく「日本人」と答えたであろう[23]。「満洲国人」であるわけではない。満洲における、日本人の覇権思想、優越意識はかねがね強調されてきたが、建国大学においても、正課の授業や日用語が「満洲語（中国語）」でなく日本語であったことをどう解釈すればよいのであろうか。

　ヨーロッパの多くの宗主国と海外の植民地の学校にみられる関係である。

　建国大学の学生構成は、日本の中国（さらにはアジア）侵略の戦略・政策に沿って、また、選抜もそれぞれの民族グループごとに実施された。細部は失われているが、建国大学への入試で「満人之部、蒙人之部」の片鱗が残されているのを、京都ノートルダム大学のグループが発掘した貴重な報告がある[24]。

　この発掘資料は満洲の満洲医科大学、奉天農業大学などの入試資料の問題集である。「日本語問題」をみると、日文の満洲訳、満語の日文訳の課題がある。ところが、ここでいう満語というのは、ツングース（通古斯）語族系の満洲族の言語や文字のことではない。漢族と同様の中国語である。ここにも、満洲族の国家と言いながら矛盾をもっている。各大学の入試のなかで、建国大学（満人の部）と満洲医科大学だけが、日本語の長文２題を課しているのは、基礎学力がある、すなわち受験者の出身階層がエリートに属していたからかもしれない。

　よく知られているように戦後の日中の懸け橋となった孫平化（国交回復前、LT貿易の中国側の東京連絡処の初代首席代表）は、満洲に生れ、奉天の高級中学のトップで卒業して建国大学を受験、合格している（実際には入学せず、満洲国経済部に奉職した）。孫のケースのように学生の出身階層は高いものがあった。

　入学後の学生は、「五族協和」の精神で、教室も、寮生活も、学外での活動もすべて共同であり、日本語を中心に組み立てられていた。また、その学修生活についてゆくだけの日本語力があった。寮生活は、１組25

人（したがって6組）に編成され、各民族グループがほぼ均等に配分された、「塾」とよばれる雑居生活で文字どおり「同じ釜の飯」を分けあった。寝室は床の上に一斉に横にならべられ、兵舎をおもわせた。河田宏『満洲建国大学物語』によると、満洲にある16の医、工などの高等教育機関のうち建国大学だけが、将来の満洲国の高級官僚・エリートを養成する東京帝国大学に匹敵する位置づけがつねに強調されたという[25]。

　岡村敬二の前掲の研究によれば、この試験問題集にある各学校の受験者数と合格者数の一覧では、建国大学が、志願者数7023人、受験者数1350人、合格者数150人と、志願者の46.8倍とずばぬけて高い。参考のために示せば、満洲国成立以前から日本の租借地・関東洲の大学として水準の高かった大連工科大学（予科）が14.7倍の競争であったから、いかに建国大学の競争が激しかったかがわかる。この試験問題集は、1938年（満洲国の年度で康徳5年）のものであるから、第1回入学試験である。

　第1期生でいえば、「日本人65人、中国（漢族）59人、朝鮮人11人、台湾人13人、蒙古人7人、白系ロシア人5人という構成だった」[26]とされる。この数字では、満洲族出身の学生は中国人とどういう関係にあるかは不明だが、この中に入っているものと考えられる。建国大学は、1945年8月、ソ連軍の突然の侵略と、それに続く日本のポツダム宣言受諾による敗戦で崩壊するまで8期、1397人の学生が在籍した。

　在籍生の一人に社会学者・中久郎がいた。デュルケーム研究で知られる中は、最後の第8期生、わずか半年でソ連参戦で閉学、約1年半、長春に国共内戦のなかを生き抜く。この期間については、井口も同様で、後述する。中は戦後京都大学にもどり、関西地方の社会学者の育成に貢献するが、多くの研究業績にまざって、この建国大学に関する論文がある。

　中は、建国大学のカリキュラムの特徴を「前期の教育において語学を含む学科とともに武術、軍事、農事の各訓練が格別重視され、午後は専ら、それらの訓練に当てられた」[27]という。学生への軍事訓練といえば、日本国内でも程度の差はあれ、中学・高等小学校から課せられていたが、建国大学ではとくに重視された。またこれも日本国内同様に農事も課せ

られたが、建国大学ではスタッフや学生数に比較して不相応な62万坪というキャンパス内での農耕に勤しむことになった。

建国大学が農業・農事に傾倒していたことは、日本国内の事情を映していたわけではない。興味深いものがある。日本国内でも国民学校（小学校）から上級の各学校に農業・農事を課していたが、これは食糧増産のためであって、食糧難のために校庭はじめ、空き地という空き地を耕してしまったのだ。しかし建国大学では、日本の農民の満洲「移民」など、農にたいするユートピア思想もあり、石原莞爾、辻政信らの思想への共鳴も見逃せない。そのひとりに藤田松二がいる。京都帝大で農業経済学を学び、建国大学に助教授としてやってきたが、中久郎にいわせれば「容貌魁偉な野人の風あり、農本主義による塾教育と農業訓練に対し大きな抱負があった」、自身も学生の先頭にたって畑に鍬を打ち込んでいた。そればかりか、祝日には日の丸の掲揚を許さず、満洲国旗のみの掲揚を指示した。石原や辻がことあるごとに、建国大学の教職員や学生の前で「君たちは満洲国民になれ」と国籍さえ移籍することを説いたというように、「王道楽土」への信奉があったようである。

藤田にかぎらず、建国大学の教員には京都帝大の関係者が多い。副総長を作田荘一が京大経済学部教授在任のまま兼務したせいもあり、京大出が多数だ。教員の出身校を調べた宮沢恵理子によると[28]、1941年度の「日本人教職員一覧」にある191人（うち教授35、助教授42、講師11）のうち、京都帝大40、東京帝大26、その他ごくわずか、教育学関係で広島文理科大、心理学で東北帝大などで、圧倒的に京都帝大が多い。しかし、これは旧帝大学閥の地政学的勢力範囲からいうと特別に驚くことではないかもしれない。むしろ「京都帝大が満洲に賭けた」という言い方が適当かもしれない。

ただし、敗戦後の生き方では、京都帝大出の研究者にも多少のぶれがある。作田の神通力が失われたことにもよる。内海義夫は経済学者ではあるが、農学部で当初、農林問題に取り組んだ。農学部助手、東亜研究所嘱託をえて、建国大学へ就職したのは1944年、敗戦の前年である。それでも、北安省で「北満の農村」という報告書をまとめている。戦後は「労働時間の研究」という新分野で博士号をとり、ソヴィエト労働問

題などマルクス主義の隙間にも研究の方向を手がけている[29]。

経済学で京都帝大が多いのは、作田副総長のルートであるのに対し、東洋史で東京帝大が目立つのは、建国大学名誉教授に平泉澄・東京帝大国史学科教授が任じられていたことによる。また、藤田のような農学者6人のうち、4人が京都帝大出身だと宮沢は調査している。井口一郎は、まだ着任していなかったが広義には東京帝大のグループにカウントさたであろう。閉学後の身の振り方も教職員、学生とも京都帝大の水脈のなかになりわいを求めたものが多かったことも自然である。

中久郎によると、大学の教育システムは、日本の大学のように講座・座学に必ずしも重点はなく、「塾」とよばれる教師と学生が一体となった「松下村塾」にも重なるイメージだったとのべている。各塾には、教員がひとりずつ配置され、民族グループに関係なく上級生から指導学生がつけられ起居をともにしたという。なにやら日本軍隊の内務班制度を思わせるが、戦時下であることから学生にそれほどの抵抗感はなかったようだ。井口一郎もキャンパスからやや離れた官舎に住み、学生がいつも訪ねてきたというから、この制度のなかで生活していたようである[30]。

ただ、井口はもともと病弱であり、建国大学の卒業式とおもわれる全員の記念写真でも、中耳炎で包帯をまいたいたいたしい姿で写っており、軍隊式の日常生活に必ずしも同調できたわけではなさそうだ。

授業の日課は、中久郎によると、6時、太鼓の合図とともに起床、室内の掃除、整頓、塾舎前に整列、点呼、駆け足運動、食堂で全員朝食、午前は学科の講義、午後は武道、(柔道、剣道、合気道)の稽古、軍事訓練、農事訓練、野外への行進などの身体訓練にあてられた。ことに、武道には大学も特別の思いがあり、早稲田大学出身で早稲田の教授も務めた富木謙治郎を教授に招いている。富木は講道館柔道8段、植芝流の合気道8段という猛者で、自らも合気乱取法を創案してその普及に努力している。のちに日本合気道協会初代会長も歴任している。

塾とよぶ一種の軍隊の内務班的な空間で相当徹底的に武道の訓練を課したところが、日本国内の大学と相違するところだった。

これに対して学科のほうは熱心に行われたものの試験制度がなかったため、大きな印象は残っていない、と中も述べている。中がその後社会

学者として仕事をしたためか、社会学についての思い出が記されている。

「創設期の委員のなかに、例えば社会学は不必要であり、国家学で足りると考えるものがあったそうであるが、その国家学にしても、作田副総長の担当したそれは、自己の国家観を開陳し、道義的国家論を精神訓話として講じるところに、その特徴があった。それは、満州や日本の国家の現実を世界的な比較史観点から科学的に認識し、批判的考察を加えるものとは決していえなかった」。[31]

この「社会学批判」は興味深い。マルクス主義の側も、史的唯物論があれば社会学は不要であるという、認識が一部にあった。スターリン主義下のソ連や、改革開放以前の中国、それに日本のマルクス主義者のあいだにも、こうした認識は存在したのである。この「左右」双方からの社会学観は、いずれも非科学的で、「精神訓話」的とかたづけるのは、たやすいが、それが、書物や学校を支配した時代であった。

当時、建国大学で社会学を担当した江藤則義助教授は、「民族協和の理念と、現実の極端なギャップを現実の政治、経済、社会の面で強く見せつけられ」たり、「幾度か、現実に根ざす満（漢）系学生の現実批判」[32]に出くわして困惑している。江藤は、戦後、京都にかえり同志社大学の社会学科の建設に貢献し、研究業績の面でも、「全体社会を対象とする社会学の樹立のために」[33]と見解をのべている。この「全体社会」論は、敗戦直後の社会学（とくに関西）の一種の流行で、社会学がヨーロッパ流の哲学から分離し独自の学問体系にかたまってゆく上でのプロセスではあったが、建国大学での「精神訓話」的な国家論を清算するためにも不可欠な作業であったのかもしれない。

江藤はまた社会主義国と西側の制度、社会を比較する論文など、建国大学の体験を生かす研究にもおよんでいる。

6.　コミュニケーション学の教育

さて、井口が赴任した1943年は、すでに第1期生とは、卒業で直接関係なかったようだが、学科の同僚にもなかなかの人材もいた。江藤もそのひとりだろう。森信三も愛知県の知多半島にうまれ京都帝国大学哲

学科卒業と前後して建国大学に6年間教鞭をとっている。戦後、教育関係の大学に着任し、多数の教育関連の著書、論文を発表した。森の教育哲学は、「人生に2度なし」という信条から、東西の世界観の切り口を追及するなど独自の思想を広めた。とくに、自身の体験から青年層によく訴えるものがあったとされる。建国大学時代に敗戦を迎え、ソ連軍に連行され、シベリアへ強制労働キャンプ送りになる寸前、建国大学生だった白系ロシア人に救われたという。侵入してきたロシア軍によりその後の運命が過酷だったことを考えるとこの救出は稀有の機会だったといえる。

森の教員生活は必ずしも洋洋、波にのってというわけでなかったかもしれないが、建国大学の6年間をはさんだ時代の荒波がその学問の土台に独自の学風をうみつけたことは疑いない。学問の方法論とは別に、国家論、民族論、デューイ批判、独自の道徳・倫理観など、満洲での生活が影を落としているといえる。

井口一郎はどのようなポストであったのだろうか。井口の自筆の経歴書では、「国際政治」「新聞政策」が学部の担当授業となっているが、別の資料[34]では、「弘報論」も担当した。この科目のもつ意味は大きい。建国大学が井口を満洲に迎えた深い背景をにおわせる。

満洲では、1936年に「満洲弘報協会」を設立した。単なる今日でいうPRの団体ではない。その根義は、現在でいう「パブリック・リレーションズ」でもない。

満洲弘報協会は、「政府は新聞、通信その他弘報事業の健全なる発展」を期して満洲国の勅令をもって設立された。その仕事は「国論の強化拡充を計り、必然的政策として国内言論の統制を実行」することだとしている。協会の資産は、満洲国政府が巨額な全額出損の独自の法人組織で、「在満各種新聞の整理工作」を実施することだった。この新聞の統合整理は日本国内における「同盟通信社」（1936年）の発足や、「一県一紙」政策と期を一にするもので、新聞整理の歩調は満洲のほうが早かった。日本国内では、「日本新聞連盟」（1940年）によって新聞の言論報道統制、編集・経営への干渉、新聞用紙その他資材の割り当て配給が実現してゆくが、満洲のほうが速度がはるかに急だった。ナチスドイツでテストず

みの国策でもあった。

　弘報協会設立当初は日本語では『大新京日報』（のちの『満洲新聞』、新京）など４社、満文（漢字）では『盛京時報』（奉天）など２紙、朝鮮語の『満蒙日報』（後、『満鮮日報』）、それに英文のマンチュリア・デイリーニュースの８社であったが次第に増加した。協会は、買収、廃刊、統合などの方策によって整理をすすめたのである。その主動輪になったのが「満洲国通信社」（「国通」）である。

　「国通」は日本の「電通」「聯合」の２社の権益を統合・継承してうまれた強力な国家通信社であった。そのちからによって、「弘報協会」も、言論統制もすすめられた。

　このように、満洲における「弘報」論は、井口にとりまさしく、東京帝大の新聞研究所で研究してきたドイツの新聞・言論統制そのものであった。もっとも、「満鉄弘報課」という役職があり、そこではアメリカ流のＰＲ業務を実施しているので、「弘報」論はコミュニケーションまたはマス・コミュニケーションの骨格を意味していたかもしれないが満洲の現実から吟味が必要だろう。それも、井口の得意の守備範囲であったが、巻末で検討しておく。それはまた、日本にいる間に身をもって体験した新聞社の統廃合の政策問題であった。井口が記者生活をおくった『大阪時事新聞』も『大阪新聞』に吸収され、おおくの記者が職を失うことになった。井口の退職がこの新聞統合と直接関係あるかどうかはまだ分からない。そして満州で活躍する新聞人のなかにはいかに知人が多かったことか。

　なによりも、井口が赴任したときはすでに転出していたが、弘報協会を指導した辻政信は石川県出身の同年代、明治35年生まれである。（井口は34年生まれ）ジャーナリスト出身の教員もいた。一例が橘撲である。早くから中国大陸に渡り、『遼東新聞』『満洲評論』などを経営、独自のアジア論を展開、その王道論は石原莞爾に影響をあたえたとされる。橘は「満鉄赤化事件」の責めを負ったり、病弱であったため井口とは深い関係はなかったかもしれないが、先輩ジャーナリストとして脳裏にあったろう。井口より若いジャーナリストとしては、『中外商業新報』の記者であった天沢不二郎がいた。

軍部がいかに満州国の新聞強化に、ちからを注ぐべく人材を集めたか。カナダで発行されていた『大陸日報』社主の山崎寧、『ニューカナディアン』を創刊した東信夫らをひきぬいて、満州へ送っている。

　井口は着任の1年後、大学院にあたる建国大学研究院の総合研究部副部長に昇格しており、かれが望んだ研究生活がスタートすることになる。

　さて「弘報」論を当時の文書から検討しておく[35]。

　井口が大学で担当した「弘報論」について一言ふれておきたい。近年、組織体から外部への情報提供について、広報、公報、宣伝、扇動、PR、パブリシティ、IR などおくの概念が形成され、それぞれの性格、意味、機能等について議論されてきている。それでは、建国大学の「弘報論」にはどのような特徴があるのであろうか。

　当時の満洲国での文書をひもといてみたい。満洲国の中央行政機構には、総務庁の下に官房、企画處、主計處などとならんで、弘報處がおかれていた。その管掌事項として「弘報機関の監理、宣伝の連絡統制、情報を蒐集整備」などをあげている。とくに、新聞、通信、放送、映画等のメディアの指導、動員、教育に力点をおいているように、たんなる情報提供のようなスポークスマン的な役割でなく、「情報局」ときに「インテリジェンス」の仕事であった。ここでも、弘報處長・武藤富雄、地方處長・菅太郎と東大法学部卒のいずれも治安畑をあるいてきた官僚を配置し、言論人ではなかった。

　弘報處に対応する「民間」の機関が満洲弘報協会で「国論の強化拡充を計る必然的政策として国内言論の統制」を実行したのである。建国大学の「弘報論」もこの脈絡のなかで理解する必要がある。

【注】

1) この論文では、ふたつの文化、「国家」、時代、体制を縦断しているため用語法について定義しておきたい。まず漢字表現、時代縦断の間に日中、ともに文字改革がなんどか実施された。このため、中国では繁体字から簡体字へいくどかのプロセスを経て移行した。また日本も略字化がすすんだ。したがって「満洲」の場合、「洲」に統一した。「州」と「洲」では意味が異なるからであるが、固有名詞、人名など特別の場合をのぞき、現代の日本語をつかう。また、地名は歴史的用語として新京とするも、

現代の長春も表示し、読者の理解に資した。年号は特別の場合を除いて
西暦とする。本論の主題である「建国大学」も「建國大學」だが、現代
の用語で統一する。

2) 中見立夫「歴史のなかの"満洲"像」『満洲とは何だったのか』2004年、
藤原書店、14頁。

3) 『満族大事典』1990年、遼寧大学出版社、794頁。

4) これらは新中国成立後、「満族自治県」等に再編されており、中国の東
北を中心に各所にあるが流動的である。

5) 満洲、満洲国などいずれも歴史的用語であり、山室信一が『キメラ—
満洲国の肖像—』(増補版、2004年、中公新書)320-324頁のなかで、
日本における諸説を整理している。江戸時代以降、女真人(ジョルチュ
ン)その他のこの地域に住む先住民族との交流、知識を通じて形成され
てきたことばのようである。

6) 「民族」の概念等については本論の主題でないので、これ以上立ち入ら
ないが、「文化増」についての理論的な言及は、田村紀雄・白水繁彦共
編著『米国初期の日本語新聞』1986年、勁草書房等を参照のこと。

7) 満洲国も「現世楽園」「凡そ新国家領土内に在りて居住する者は皆、種
族の岐視、尊卑の分別なし」「長久に居住を願う者もまた平等の待遇を
享くる」と宣伝した。日本国内では考えられない思想であった。

8) 富永孝子「"実験場"にされた『満洲』の天国と地獄」前掲『満洲とは
何であったのか』455頁。

9) 「移民」については、多くの拙著でふれている。以下、その事例。『海
外の日本語メデイア』2008年、世界思想社。『エスニック・ジャーナリ
ズム』2003年、柏書房、本書は東京経済大学の出版助成金で上梓された、
著者の博士論文。『カナダに漂着した日本人』2002年、芙蓉書房出版。『海
外へユートピアを求めて』(編著)1989年、社会評論社。

10) これらの作家のうち、難波、貴司、小林らすくなからぬ人達が、その
後プロレタリア文学など、左翼作家として活動するのは興味深い。

11) 『大阪時事新報』1934年1月31日、インターネット検索データ

12) 『地方別日本新聞史』昭和31(1956)年、日本新聞協会、308-309頁。

13) 塚瀬進著『満洲の日本人』2004年、吉川弘文館、14頁。

14) 草柳大蔵『実録満鉄調査部・上』昭和54(1979)年、朝日新聞社、13頁。

15) 日本人が「馬賊、匪賊」とかたづけていた武装集団には、犯罪的な集
団もいたが、多くは土地を喪失したりした農民であった。馬賊がわから
の文献はすくないが、王魁喜、朱建華他著、志賀勝訳『満洲近現代史』
1988年、現代企画室、はこの反抗側からの書物である。訳者の志賀も
いうように、本書は満洲における「中華民族」が漢族中心であり、ホジョ
ン(ナナイ)、オロチョン、エベンキといった「漁撈・狩猟経済なのだ

から下位にランクされる。つまり『中華民族』とは、漢人を頂点とした垂直的な序列型体型にほかならない」（316 頁）と指摘している。本書では、反抗・抵抗集団に間島等での朝鮮人武装闘争の記述はみられるが、満洲の先住民族たる少数民族が抜け落ちている。現代中国の体制的、思想的なアキレス腱である。

16) 李相哲『満州における日本人経営新聞の歴史』2000 年、凱風社、82 頁。

17) 宮沢恵理子『建国大学と民族協和』1997 年、原書房、297-302 頁。

18) 河田宏『満洲建国大学物語』2002 年、原書房、35 頁。

19) 宮沢恵理子『建国大学と民族協和』1997 年、風間書房、84 頁。

20) 「同じ釜の飯」という表現をする関係者が多いが、食事の内容は日本人が米飯を食していたとき、満人は高粱だったという話も伝えられている。

21) 河田宏、前掲書、153 頁。

22) 西宮紘「後藤新平の満洲経略」前掲『満洲とは何だったのか』229 頁。

23) 前掲、田村紀雄著『海外の日本語メディア』のなかで、日本語、とりわけ日本人・日系人（日本人を祖先とする二世、三世）の概念はその所有するアイデンティティの重さを詳述した。

24) 岡村敬二「戦前期中国東北部刊行日本語資料の書誌学的研究」京都ノートルダム女子大学人間文化学科ホームページ。2009 年 3 月。

25) 河田宏『満洲建国大学物語』前掲、102 頁。

26) 中久郎「『民族協和』の理想―『満洲国』建国大学の実験―」戦時下日本社会研究会著『戦時下の日本：昭和前期の歴史社会学』1992 年、行路社、83 頁、建国大学のカリキュラムなど教育関係の記録はすくないので、中久郎の戦後の大学教師としての眼からみたこの論文は貴重である。

27) 同上。

28) 宮沢恵理子『建国大学と民族協和』1987 年、風間書房、101 頁。本書は建国大学を最も包括的に研究したものである。

29) 内海義夫は桃山学院大学に後年勤務しており、筆者は交流があった。

30) 井口一郎の遺族からの聞き書き。建国大学の官舎で少年時を過した長男をはじめ遺族からは多くの聞き書きで協力を得た。

31) 中久郎、前掲書、93 頁。

32) 江藤則義『運命の転換』1979 年、三優社、116 頁。

33) 江藤「社会学の全体的総合的対象としての全体社会（Community-the whole integral object of sociology）」『人文学』1951 年 1 月、同志社大学人文学会、1 頁。

34) 『満洲紳士録』4 版、1943 年 11 月、東京満蒙資料協会（復刻版）によると、井口は弘報論も担当したとある。弘報論が Public Rela-tions のよ

うなものを意味しているとすれば、日本国内には少ない講義課目であるが、満洲には「満洲弘報協会」（理事長・森田久満洲国通信社＝略称「国通」）が設立されていた。この関連で考察する必要がある。国通にいた職員の相当数が戦後、旧同盟通信社系の企業（例えば共同通信社）に移籍している。

35）近年、「広報」に関する研究の整理がすすんでいる。たとえば、津金沢聡広・佐藤卓巳共編『広報・広告・プロパガンダ』2003年、ミネルヴァ書房、「日本広報学会」の設立などあるが、満州における「弘報」と同一視してよいか、研究の余地がある。

第三章

井口一郎と建国大学の同僚達
王道楽土か日本脱出か

―地政学と農本主義の癒着のはざまで―

1. 日本にない多元的エスニック集団

　日本で最初の「コミュニケーション」の用語法を研究のタームに定着させることに成功させた井口一郎が満洲の「建国大学」で、念願の研究生活に入っていた期間はまことに短かった。また研究に入るにはあまりに遅きに失した。ソ連軍の侵略による研究計画の挫折である。井口にかぎらず、「満洲国」や「建国大学」にいうところの「王道楽土」「五族協和」を夢見た日本人たちの目論見もまことに儚いものであった。

　日本国内で得られない研究条件や生活の安定が魅力だったとしても、またある程度学閥や伝統の重さから解放されたかに思えたとしても、あまりにも短い研究生活であった。ことに、「新人会」の残渣を背負っての重苦しく、生活の苦境をひきずる井口にとって、なにか明るい研究のユートピアが建国大学に見えたのかもしれない。また地政学や諸民族を研究するものにとって日本にない研究フィールドを提供するかもしれなかった。諸民族、エスニック集団間のコミュニケーションの研究こそ日本や日本人がこれから習得しなければならない世界であったはずだ。

　満洲も建国大学も、広義には日本の中国侵略活動の一環であることは否定するまでもないのだが、その理念や現実も当初に比して、変質していた。言葉をかえれば、だんだん「王道楽土」も「五族協和」も変貌していた。その直接の背景には、満洲を支配していた関東軍のなかの堕落や思いあがりがある。満州の建国に理論的な支柱をあたえた石原莞爾が、東條英機らのおよそ軍人らしからぬ私利私欲・派閥人事に嫌気をさして、満洲を離れたのも、その変質の一端である。

　建国大学の直接の設計は、辻政信であることは、知られているが、石原にも独自の建国大学の構想がある。1931 年には、上官の本庄繁司令官に「建国大学」のアイデアを披歴している。ただ、当初の石原の言説にみられる「建国大学」は、満洲国の国策を担う協和会の政策集団、ブレーン組織のようで、「ユニヴァーシティ」ではないとのことを、早瀬利之は指摘している [1]。実際の建国大学は、石原が満洲を去ったあと、たんに満洲国の高級官僚を養成するつきなみの大学に姿をかえていた。

井口の経歴書によれば、1943年（昭和18年）2月に建国大学に着任している。

　しかし、湯治万蔵編『建国大学年表』によると[2]、着任の正確な日時は不明である。『年表』では、「昭和18年4月1日（木）叙任建国大学助教授叙薦任二等省理事官五十住貞一」「4月3日（土）任建国大学教授叙薦任二等建国大学助教授大間知篤三」など人事任官が詳細に記述されている。だが、井口一郎については欠落している。

　大学は井口のような専任の教員の任免のほか、東京や大連から大学教授や行政官、高級軍人を集中講義等でしばしば招請しているため、非常勤教員としての任免が年中行事のように行われていた。大学の各種の行事への招聘人事も常である。井口の名前が『年表』に現れるのは、9月8日に「図書整備員」ポスト発令のなかに「井口教授」としてリストアップされているのが最初である。大学行政に不慣れな新人教員に教授会がときどき依頼する入門的な学内行政人事のひとつである。井口にとっても文献をフォローし、蒐集、整理する仕事は、願ってもない肩の凝らない役目である。日本では、接触のむずかしい欧米の原書にもページを開くことが可能になった。井口にとり大学の教歴も行政歴もはじめてのことである。

　建国大学の教育・研究の目的のひとつが国境を接している強国のソ連を仮想敵国として捉えたものであるため、共産主義の研究に本腰をいれていた。大学の紀要や出版物で建国大学教員によるソ連の客観的な学術研究が夥しく掲載された。これは、日本国内では考えられない研究発表であった。戦時下の日本国内では、仮にソ連の経済、政治が調査研究されていたとしてもそれは軍内部か治安機関のなかでのみ「部外秘」などのスタンプと制限つきで執筆されたものだ。

　しかし、建国大学ではおおぴらであった。この研究のために、マルクス主義の文献、ソ連やヨーロッパの刊行物が系統的に蒐集された。教員も学生も公然と読むことができた。これは、満鉄調査部も同様で、建国大学の教員・学生、満鉄調査部のスタッフの敗戦後の研究方向につよい影響もあたえた。井口は、その大学の図書充実のための委員会の仕事からスタートしたのである。英語とドイツ語に堪能なかれにとって楽しく

ないはずはない。建国大学が戦後閉校したあと、これらの膨大な図書・文献類は教員たちによってきちんと目録化されて、中国側に丁寧に引き渡されたとつたえられている。残念ながら井口が出会ったであろう欧米のコミュニケーション学に関する図書類は、まだ不明だ。

　日本人の一部には、いまもって日本が植民地とした地域や「独立」させた国々である台湾、朝鮮半島、満洲は工業化や都市整備によって経済的な水準を高めたり、民族同士の融和や民度の向上に資したとする言い分が残っている。これは他国を植民地化し、他民族を支配したすべての帝国主義国に共通の論理である。アジア、アフリカ、中東に植民地を建設したヨーロッパ列強はもとより、レーニンの民族自決権の思想は何処に行ったのかというロシアなど社会主義国も例外とはいえない。経済発展の口実も民族同化の政策も、ときに、その国の「民主化」支援のいい分もその土地や資源を奪うものであった。

　塚瀬進は満洲の日本人社会について、満洲事変までの状況を描いている[3]。日本人は、大連・旅順などの関東州の租借地や、満鉄付属地のような関東軍や日本の警察力に守られていた一部を除いて、「馬賊」等の襲撃につねに脅かされていた。したがって、開拓村などは言うにおよばず、「自衛」のための武装につねに心がけねばならなかった。のちには、日本から本格的な武装開拓団も編成されて移民した。

　石原莞爾の満洲経営方針の根幹であった日本農民の開拓地設定も、満洲農民の土地を「買収」にせよ取り上げることに反対であったが、その後、関東軍や日本政府官僚の主導で、現に耕作している土地まで接収して、反感をかった。これが、満洲農民の「匪賊」「馬賊」「抗日武装勢力」の供給源になったように、建国大学も軍人の影響力が増大していった[4]。

　日本の満洲支配はもっともあからさまな見本であった。イスラエルの武装キブツ、中国の新疆ウイグル自治区における漢族を中心とした武装植民「生産開拓兵団」の先輩格が満洲における日本の「満洲開拓団」であった。武装して守備できる範囲をこえると激しい敵意を抱いた「異民族」の『先住民族』の土地である。「満洲国家」の「国外」はもとより「開拓地」の農地も建国大学のキャンパスも同様であった。世界史的にみても武装した「開拓」集団が成功することは難しい。

その点、井口らを当時つかんでいた地政学と、建国大学に相当数いた農業を重んじる、また農本主義を信奉する学問との不思議な癒着を認めることができる。両者には、自然、大地、民族、農耕、祖先崇拝、「反近代化」、「反都市化」という共通のキーワードを重視する学問の思想があった。

たしかに建国大学のなかには「五族協和」を大真面目にかんがえていた人士がいなかったわけではない。建国大学の朝鮮人卒業生を丹念に追った前川恵司の『帰郷―満洲建国大学朝鮮人学徒青春と戦争―』によれば、「政策教授」を招いたが、そのなかには、朝鮮独立運動のエポックとなった「三・一事件」の宣言文を執筆したとされる崔南善や、抗日運動の体験をもつ北京師範大学教授の鮑明鈷もふくまれていた。

建国大学の教育・研究でもうひとつ特筆したいのは、「研究院」とよばれた大学院の開設である。大学院開設の発想も早瀬利之によれば、石原莞爾の提案以外にないとみる。ただ、日本国内の大学院のように、学問の体系化や後継者養成をめざすアカデミズムではなく、当時のドイツの教育システムも参考にしつつ、「文武両道」、兵士の養成システムと結びつけた、独自の制度であったようだ。だから、日本のように文部省という官僚が許認可権をもつ教育制度ではなく、各省を横断し国家全体に所属し、国家に全面的に奉仕する大学をかんがえていた。だから、戦時とはいえ副学長に作田荘一のあと、尾高将軍を据え、多数の軍人出身者が教員や職員に就いた[5]。

学生の寮生活も軍隊の初年兵教育、内務班そのものであり、ソ連侵入の末期には、軍隊組織そのものに編成もされた。

国粋主義にたつものの多い日本人の教授陣、複雑な世界観で就任した中国人や朝鮮人もいるファカルティというカオスのなかでともかく井口は職業的研究者の道を歩もうとしていた。

2. 建国大学研究院の仕事

井口一郎をつよく魅了した研究院（大学院）の構想は1937（昭和12）年から存在した。『建国大学年表』によれば、1937年6月7日に生まれ

ている「建国大学創設要綱案」には、すでにその第7項で、大学院の併設、第8項で研究所の設置を謳っている。これは、満洲国の学問の上でも将来、独自で高い水準の人材を確保したいという理想と、「既成大学の先生を排す」という満洲国の官僚、軍部の気概を反映していたと考えられる。

大学院である「研究院創設趣意書」には、こうある。

「研究院に於て専ら研究のみに従事する時期と、専ら学生指導に当る時期とを交代せしむ。（中略）既成大学の教授を見るに多くは講義に追われて専心研究に従事する時間を有せず、或いは一人にて数講座を担当し或は数校に出講し或は講演、会合等に出向きて多忙をきわむ。かくて研究は進歩せず、甚だしきは、年々同一の講義を繰り返し学生の指導も亦之に全力を注ぐを得ざる実情なり」（ひらがな、現代文に訂正した）。

なにやら、21世紀の日本の大学教育の現状を彷彿させる。「趣意書」はこのほか、大学図書館の充実や、満洲国の中央図書館として、一般への開放、大学教員、職員の期待像など研究・教育の質に関する議論も盛り込まれている。建国大学の創設者たちの日本国内での大学教育への批判内容が如実に示されていて大変興味深い。具体的な教員人事でも、パール・バック、オーエン・ラティモアらを教授に招聘する議論もあったようである。

これらの議論には辻政信ら若手の将校、軍部と関わりに在った日本人研究者、日本の大学序列からはみ出していた学者が加わっており、かれらが、政治、経済の分野だけでなく、日本の大学制度や教育全般についても強い不信、批判をもっていたことがわかる。それら若手グループのまとめ役が、京都大学教授の作田荘一で、建国大学の副学長として影響力を発揮する。建国大学の教員に京都大学関係者が多く赴任することにもなる。

日本の傀儡国家、満洲国という枠内ではあるが、それなりに理想をもって参加した研究者が多数いたのである。日本の現状にあきたらず対馬海峡をわたったもののなかには、国家社会主義者や、極端な国家主義者、神がかりなナショナリストに混ざって、新人会出身者、マルキスト、社会運動家など多士済々であった。細かい路線議論、人事構想、制度設計

では対立やもめごともなかったわけでもないが、そこは海外、関東軍の絶大な暴力装置と満鉄の財政力のなかで、協力・合意に収斂せざるをえなかった。

対馬海峡を越えたひとりに森信三がいる。森もまた、日本国内での教育・研究に物足らなさを感じていたひとりである。森は、日本の大学を定年後、私が主宰した田中正造研究会にも顔を出したように、農に格別の思いがあった。かれは、国家主義者ではなかったが、農本主義に関心を寄せていたひとりである。森は戦後、要旨つぎのように述懐している。

「建国大学に赴任するのが決まった昭和13年夏、骨を満洲で埋めるつもりだったので、出発前に伊勢神宮と出雲大社へ参拝。伊勢における建大の新入生の訓練に参加した。勿論わたしは、まだ教授としての正式発令をみていないので、ただ参加したというだけ。日支関係は、かなり深刻な段階に入りつつあるのにも拘わらず、そうと気づかずにいた処が、当時のわたしの思想の民族主義的な狭さであった。それが分かるのは、結局その7年後の敗戦の悲劇を痛験しなければならなかった」[6]

その森も、建国大学に着任した翌年6月には、念願の研究院への配属を果たす。『年表』によれば、この時点で、研究院での研究プロジェクト数、13、参加の研究者数、延べ139人とある。どれほど、大学が研究院の活動にちからを注ぎ、予算や人員を投じたかがわかる。日本国内で、大学や研究機関に奉職していたか否かにかかわらず、自己の研究環境や条件に不満足・不充足感にさいなまれていた学者たちを充分、鼓舞するものであったろう。

森信三が建国大学に多大な夢をもっていたことについてエピソードがある。

森は宮本常一に建国大学への就職を勧めている。師範学校を卒業して小学校教員から、日本常民文化研究所の前身の団体に勤めていた宮本にとって、おいしい話であったが、この話を大山彦一から取り次いだ渋沢敬三は断っている。

「満洲はかならず捨てなければならない日がくる」と、「宮本は渋沢の忠告によって、戦後、大きな仕事ができた」[7]のである。日本で不遇を囲っていた万余の研究者、技術者、知識人を悩ませる選択であった。

このとき、研究院に配置されたものに助教授の天沢不二郎、中野清一、嘱託の大間知篤三、助手の内海庫一郎ら28人の氏名がのこる。

「研究班」とよぶ各プロジェクトの研究は広範囲におよび、また資料で残る限り詳細、かつ深く研究している。研究方法も文献収集と分析、現地踏査によるフィールドワークと重ねている。問題は言語能力である。満洲に渡った一般の日本人は、考えられるほどには満洲（中国）語はうまくなかった。古川隆久によれば「満鉄社員や大企業の支店勤務者、公務員などを除き、居留民の多くは日本本土で食い詰めて夜逃げ同然でやってきたり、一攫千金を夢見てやってきた上、ほとんどの人は中国語ができず」[8] と断じている。

塚瀬も、満鉄など社員に中国語の修得を奨励する制度をつくって、手当もだしたが、可能なのはきわめて少数だとしている。数パーセントだったようだ。いわんや普通の日本人はきちんとした中国語を学び使う機会もなかった[9]。

早くから満洲の地にわたった日本人は、旅順、大連などの日本占領地に住むか、満鉄の保有する特別の地域・付属地に生活していた。そこに日本町を形成し、日本語だけで事足りたのである。現地の住民とのコミュニケーションは、むしろ彼らのがわが日本語を習得していて可能であった。これは、アメリカやヨーロッパでの移民社会共通のものであり、日本の米軍基地にも相通じるものだ。移民がホスト社会で、自由に言語をあやつれるのは、二世の時代になってからが普通であり、これを文化的適応というが、一般的に一世の語学習得は学歴など、出自の社会での学習に強く負っている。

満洲の都市日本人でも、言語能力は低いわけだから、開拓地農民のバイリンガル度はさらにひどいものであったろう。

建国大学学生には、日本語、英語の修得のほか満洲（中国）語の学習を義務づけたが、その難儀に悲鳴をあげている記録もある。満洲（中国）人か、一部のモンゴル人、朝鮮人でないかぎり、満洲人と自由に言語をあやつれて社会調査がどこまで可能であったかは、怪しい。満鉄の膨大な調査では、その財政力にものをいわせて、多数の満洲人を通訳に雇った。なにしろ、交通手段として馬まで買い上げたという伝説がのこって

いる。

　社会学や文化人類学の社会調査の通常の方法として「通訳」の雇用はあるていど不可避である以上、満洲でも同様だったろう。しかし、情報蒐集能力は大幅に制約される。通訳の「満人」もすべてアカデミックな訓練を受けているとは限らない。

　『年表』によれば、1941年6月、第一期生を15班に分け、2週間の予定で満洲各地への「地方実態調査」に派遣している。各班に一人の教官をつけたが、その行き先は、奉天、ハルピン、通化といった比較的満洲南部のちかい地域から、チャムス、トラガツエンク、満洲里にまで足を伸ばす調査グループもあった。

　もう一つの文献研究は、日本国内以上に条件は良かったようだ。財政力に加えて、日本国内では考えられないような「自由」があったからだ。『年表』によれば、「共産主義の批判研究」のプロジェクトでは、「共産主義思想の学説史的背景」「哲学並びに歴史観に関するマルクス及びエンゲルスの見解の相違」といった相当に高度な文献研究が記録されている。これは、英語、ドイツ語に堪能な日本人研究者のもっとも得意とする分野である。

　英語、ドイツ語にすぐれていた井口一郎にとって願ってもない研究条件であったろう。健康にすぐれぬ井口は、夜行列車に何日も揺られ、トラックで満洲の悪路を奥地まで足をのばす、現地調査は勘弁してほしいところだ。しかし、日本国内の太平洋協会その他で手をそめてきた、地政学研究や諸民族研究の延長線として、建国大学が熱心にとりくんできた満洲周辺の諸民族研究には期待があったはずだ。建国大学自体が「五族協和」の名のもとに多数の民族を包含していたのだ。

　日本の人文・社会科学や政策にとって多数の異民族を相手にすることは、もっとも不得意とすることだったからだ。満州や建国大学はその日本で得られない環境や方法がえられるはずであった、日本人は別として、中国人、本来の満洲人、蒙古人、朝鮮人、ロシア人、その他の少数先住民族やエスニック・グループとの接触、観察は日本人にとって、かりに地政学を深めるにせよ、貴重な研究環境であったはずである。エスニック問題の先進研究国のカナダ、アメリカの「多元的文化思想」「プルー

ラリズム」等に達しないまでも、多くの民族、エスニック・グループ研究のチャンスがあったはずである。

『キメラ』を書いた山室信一は、「朝鮮、ロシア、蒙古のほか多くの少数民族が錯綜して、政治、経済、文化、宗教、イデオロギーなどの諸側面において対立軸を構成し」、「諸民族のコックピットとみなされ、民族の十字路、アジアのバルカン、東方のアルザス・ローレヌ、極東の弾薬庫」とよばれたとしている満洲も建国大学もこの「エスニック・グループの葛藤の場」という見方は重要である[10]。このようにみてくると、長い東洋史のなかでのロシア人の南下、漢族の膨張、とくに満洲、西方、南方への進出と、先住民族とのあいだの衝突という近代に続く歴史的課題、長白山をはさんでの朝鮮民族の問題、シベリアに続く多数の少数先住民族の運命、ノモンハン事件にしめされたモンゴール系のエスニック・グループの悲願など、こんごとも展開してゆくであろうエスニック問題研究の豊富で複雑な地域であったのだ。

「コミュニケーション」という概念、学問が二つの大戦をはさんで、多様な民族、多彩な研究者の「渦」の中で生まれたことを考えれば、満州で研究生活をスタートさせた「新聞学者」の井口にとって好ましい環境といえたのだ。

実際、のちに敗戦で日本へ帰国後に、多元的なエスニック集団に関心をもち、先住民族に言及する在満洲体験の研究者がうまれる。

建国大学の理想のひとつに「農業」「農学」があることは先述した。背景には、もちろん、日本の貧しい農村の分村開拓団の満洲移民という満洲開拓がある。土地のない次三男、また生産性の低い山村から分村して満洲に向かった農業者は数多い。岐阜県郡上郡北部の蛭ケ野高原から編成されて吉林省におくりこまれた開拓団は、開拓村を「郡上村」という実在しない名前にした。この村民はソ連の侵略後に村を捨てて帰国したが、日本に居場所がなく再びブラジル開拓移民で海を渡った[11]。こういうケースは多い。農業が生活手段である。

建国大学も、授業の正課に農業理論や農作業の実科があった。また広大なキャンパスのなかには、実習と収穫をかねた農場があった。学生の授業科目にも「農学。農事訓練と相まって重農の道と術とを授く」とあ

る。担当は藤田松二教授である。農学の基本は「重農」であった。満洲経営や建国大学運営の基底となる思想はまさしく重農思想または重農主義の延長線上にあった。これは、関東軍はじめ日本の陸軍の思想でもあった。F.ケネーの重農学派の理論が大規模農業経営の優位と「自然法則」とよばれる自然的秩序を重視したように、日本の重農思想は過度な工業化を排するものであった。田中正造、江渡荻嶺らの日本の思想家が連想できる。建国大学も、1938年11月、江渡を講演に招いている。そのときの講演の中身を受講した藤森孝一が記録している。

「学問は身をもってするもの。心をもってすると思ったら大きな誤りだ。もし、諸君にして心をもってするならば、建国大学は失敗。満洲国も失敗。と強く言い切られた。人を相手にせず、天を相手にするのでなければ、本当の仕事はできぬとも言われた。」[12]。

藤森の記録には、建国大学が創立の志と異なり、次第に教学体制や大学運営、人事、学生選抜が、「赤門のようになってしまう」こと、「官僚の養成所は日本に有り余っている」、「創立委員の人達の建大、今何処にありや。何の先覚的指導者ぞ。まさに現状は唾棄すべき」と、大学の変質を嘆く声が綴られている。

井口が着任する寸前の建国大学は、太平洋戦争の敗色、中国内での日本軍の苦戦、建国大学学生の動揺、一部の学生が関東軍の治安当局に逮捕され、また中国の反日武装勢力への合流のための脱走と混乱だらけの時期であった。

建国大学は、その「重農」思想を敗戦、遅くまで守っている。1944年3月には、内海義夫を助教授として採用し、「農林論」を担当させている。内海は京大農学部を卒業し、同学部副手、農村厚生協会、労働科学研究所、東亜研究所の嘱託で生活の糧をえていた。ようするに、定職がなかった。建国大学で安定したポストをえたときには、ちょうど34歳の誕生日をむかえた直後であった。

内海も日本国内では、満足できる研究環境ではなかった。内海は敗戦で帰国の後、すぐれた業績をあげている。農業を重視する思想の影には、地政学のような、大地に必要以上の価値を見出そうとする学問とつながるものがあって注意が必要である。内海は、戦後、大阪市立大学経由、

桃山学院大学に着任し、田村とは同僚になった。私的会話の中で、朝鮮への関心のあることは、おどろいたことがある。

3. 大学の同僚たちと研究プロジェクト

井口一郎の名前が『建国大学年表』に現れるのは、1943（昭和18）年10月からである。勿論、井口の経歴書[13]によれば、着任は春だから、すでに大学で、校務はこなしていた。たぶん、すでに教歴のある教員にまざって、まだ教歴がないため比較的「軽度」の校務を任せられていたのだろう。今日でも、年配だが教歴のない人が教員に迎えられたり、または浅い研究者が着任すると、同僚がおもんばかって比較的「軽度」の校務につかせて、一種の見習期間を与えることが多い。大学教員のマイスター、インターン期間である。

『年表』によれば、10月16日付きで「学内巡視補佐官」という職務が井口らに発令されている。どうやら、学生の生活・厚生指導をする仕事のようである。日本でいえば、「学生部」委員のような職務である。

「後期2年担当補佐官」

　教　授　　福富一郎
　　同　　　向井　章
　　同　　　大山彦一
　　同　　　井口一郎
　　同　　　村　教三
　助教授　　高橋匡四郎
　　同　　　柯　綱安

大学という組織は、着任前の個人的関係をのぞくと、いったん奉職すると個人的な関係は生まれにくいものである。それぞれ、専門が異なるし、顔を合わせるのは大勢のメンバーが集う教授会のようなフォーマルな会議くらいである。あとは、教室、研究室、自宅、いずれも個別で、ひとりっきりである。いわんや、建国大学のように大学院、助手からプロモートされた人がまだなく、「寄せ集め」であるため、「上司」との関係を除くと話の機会もすくない。

このように、特別の役職、研究会プロジェクト、学内委員会などに配置されて、はじめて親しく口をきくことになる。

　井口は、1944年3月には、念願の研究部に配属になる。大学の理念として、一定の期間学生教育に従事したあと、大学院レベルの研究に専念できることになっていた。そこで、着任1年で「総合研究部・副部長」に任ぜられたのである。この任命を井口は自筆の経歴書にも書いている。そのときの部長は菅原達郎、幹事は天沢不二郎である。

　天沢について述べておきたい。

　天沢は、中央大学の講師から、1939年に建国大学の助教授に招かれている。1937年の『社会政策時報』に「ナチズムと労働行政—再認識されるロレンツ・フォン・シュタインの労働行政観—」を、1938年に『科学主義工業』誌に「新東亜建設と労働力の問題」という論文を執筆しているように社会政策が専門である。この雑誌、同じ号に三枝博音、船山信一、岡邦雄、小原敬士らも寄稿しているのでもわかるようにマルクス主義の経済学者の拠点のひとつであった。同誌は、1939年8月号に天沢の「労働力雇入の自由と拘束」という論文を発表したとき肩書は建国大学助教授となっている。同号には風早八十二も一文を寄せた。また1944年には、『開拓政策の展開』（河出書房）を出版、つねに国策にそって書いたもののそれなりの研究業績をあげていた。

　たぶん、天沢のもっとも生産性の高い時期であったに違いない。それが、日本の中央大学講師から、建国大学に移り水を得た魚のように、「自由」に研究活動と論文執筆に全力をあげることができた時代である。この結果、敗戦により建国大学が解体して、帰国したあと、電気通信大学の前身である目黒の官立無線電信講習所に教員として職をうることができた。戦後、天沢の引きで、井口は、電気通信大学の非常勤講師を務めることになる。大学の性格から、井口はここで、コミュニケーションの講義を担当したのである。井口とともに人文・社会系のコミュニケーションの教育・研究にたずさわる天沢のここでの研究から大きな業績のひとつになる『現代日本産業発達史』（1965年、交詢出版社）の第12巻「陸運・通信」を編纂する。

　天沢は、戦後の学制改革で、多数の専門学校が大学へ昇格するにあた

り、「目黒無線」を、電通大に昇格するにちからを発揮し、短大主事など要職を経て、ここで世をさる。1967年に短大部葬がおこなわれている。このとき、やはり井口とともに名前のあがっている大山彦一、さきの宮本常一をリクルートしようとした本人だが、建国大学に奉職する1939年までは、東京帝国大学卒業後、東邦商業高校教諭、関西大学講師で糊口をかせいでいた。39歳で建国大学に職を得る。建国大学解散後は、加治木町長、第7高等学校の講師、7高の大学昇格の1950年、教授となる。人生、不思議なもので、宮本常一と同様、沖縄の島々の民俗研究もてがけた。

さて、建国大学研究院の政治研究部に配置された、井口一郎は、配属直後の1944年3月、3週間の予定で東京出張をしている。しかし、井口がこの研究部時代、どういう研究テーマで、どのような研究業績を残したのかは、いまのところわからない。太平洋戦争は日本の敗色がますます濃厚になり、教員も学生も召集されたり、大学キャンパスも軍事色がいっそう深まっていったからだ。

4. 敗戦、大学閉校、辛酸の帰国

1945年5月には、江藤則義助教授が入営。

ハイラル400部隊配属の2等兵である。のち、ソ連の進入時、実際に交戦し、捕虜になり、戦後の苦難をなめる。小山公一郎、伊藤博といった若手の教員も続々、関東軍に1兵士として引っ張られた。学生も同様、兵士や軍需工場での勤労奉仕、トーチカ・塹壕の構築作業と矢継ぎ早のドラフトである。

これでは、教育・研究どころではなかった。1945年7月になると、教員も学生も、軍の指示にしたがって、大学周辺の要塞化や塹壕化にかりだされた。大学は南嶺地下戦闘司令部とよぶ要塞つくりに忙殺されることになる。そして8月9日未明のソ連軍の大軍の国境突破。『年表』によると、学生たちは夜半、2回にわたる空襲、地軸揺るがす爆発音を聞いている。学生たちは急遽召集をうけて「仮二等兵」、近郊外に、ソ連戦車部隊を阻止するタコつぼつくりに動員される。

満洲国の「現地人閣僚から新京（長春）の戦場化を避けるため新京の無防衛都市宣言を発するという提案」[14]があったほど、長春の戦場化は目に見えていた。勿論、関東軍がこの提案をのめるわけがなく、間もなく戦闘に巻き込まれてゆく。そのあいだにも、関東軍は日本人住民を置き去りにして南方へ「撤退」、満洲国軍の反乱、現地住民の暴徒化、建国大学関係者の戦死や負傷、日本人社会の崩壊、混乱、社会システムの解体がすすむ。満州人学生の逃亡もひっきりなしに続く。

そして8月15日の敗戦の詔勅。

満洲国の皇帝・溥儀、8月18日、通化省の満鉄鉱業所で、退位宣言、満洲国は解体した。建国大学も解散する。この日、教職員会議が開催され、尾高副学長は大学解体の訓示をしている。

その内容を、心理学教員の阿倍三郎が詳細に記憶している。大変、貴重なドキュメントである[15]。

「ⅰ　今日をもって建国大学を解散する。各自家庭にかえって以後は占領軍の指示に従い、運あれば日本に無事に帰還するように。

ⅱ　日系学生には満洲でかえるべき家のないものが大部分なのだから教職員が学生2、3名ずつを預かり日本帰還の日まで行動を共にすること。

ⅲ　教職員には指示があったので、半年分の給料を渡す。満洲国政府は本日をもって瓦解したのだから、今後何年滞満することになっても各自の努力で自活するように。

ⅳ　応召者の家族は目下北朝鮮に退避、給料は満洲語のできる助教授と事務員を派遣届ける。本日直ちに出発すべし。

ⅴ　学生には1人500円、米・高粱等の食糧2か月分配給、残余は教職員にも配給。」井口の居住する宿舎でも、数人の学生を引き取り、他の教員も同様の庇護をおこなった[16]。

しかし、元関東軍将軍の尾高副学長は、兵士・学生数人を護衛に伴い、公金相当額を携行し、家族を官有車両にのせて吉林省の知人を頼っていちはやく脱出したため、建国大学の最後の解散式は副学長代理の千葉胤成教授が指揮をして8月23日に執り行われた。大学最高責任者であるはずの軍人出身の尾高が執った行動を、率先した「逃亡」として怒った

学生や教職員もいたというのも無理からぬはなしである。

この日をもって教職員、学生は大学キャンパスを退去、教員の宿舎などに散っていった。それ以前、大学に蓄積していた機関銃、銃弾などは、満洲国政府の手で接収、武装解除がおこなわれた。ロシア系学生は直ちにソ連軍の治安部隊に逮捕され、満洲系学生は独自に大学の図書・備品を接収、他はちりぢりになった。ロシア系学生は逮捕された際、クラスメイトに別れを告げたいとして、バイオリン一曲を弾引いて、悠々と連行されていった[17]。

やがて、ソ連軍は、新京の主要な建物をつぎつぎと接収、さらに新京占領後はソ連兵が、かってきままに家探しして、金品、備品、食糧を奪取、女性に乱暴を働くなどの狼藉をほしいままにした。ソ連兵はなんら統制がないため、一団が去ると、またつぎのグループとくりかえし襲撃・強盗・破壊のかぎりをつくした。当時、ソ連の多くは、受刑者という風聞が流れていた。井口らの自宅にはソ連兵が占領しているあいだ40数回にわたって襲撃をうけ、略奪などの狼藉をうけた[18]。

建国大学の教職員、学生が多くの犠牲を払いながら日本に帰国できるのには、さらに多くの年月を重ねねばならなかった。

【注】
1) 早瀬利之『石原莞爾満洲備忘ノート』2004年、光人社、143頁。
2) 湯治万蔵編『建国大学年表』1981年、建国大学同窓会発行。本書は建大史編纂委員会（代表・坂東勇太郎）が10数年の年月と多数の卒業生の協力で完成した570頁の大冊で、日本で蒐集しうるかぎりの刊行文書、当時の教員、学生、関係者からの日誌、書簡、聞き書きを網羅したもので、現在入手可能なもっとも信頼できる資料集のひとつと考えられる。ただし、この文献が完成した以前に逝去した関係者からの聞き書き等はふくまれていないのはやむを得ない。したがって、1957年に他界した井口一郎にかんする記述はそれほど多くない。以下『年表』と省略。
3) 塚瀬進『満洲の日本人』2004年、吉川弘文館。
4) 渋谷由里『馬賊でみる「満洲」』2004年、講談社。同書にもみられるように、植民者に対抗する住民の抵抗は、常に、馬賊、匪賊、ゲリラ、テロリスト、分離主義暴力勢力などの呼称で誹謗のかぎりが尽くされる。
5) 早瀬、同上、284頁。

6）『建国大学年表』141 頁、戦後の座談会での発言要旨。

7）『週刊読書人』2009 年 9 月 11 日、この一文は多分、満洲に造詣の深い植田康夫社長の筆によるものと、推測する。

8）古川隆久『あるエリート官僚の昭和秘史―「武部六蔵日記」を読む―』（芙蓉書房出版、2006 年）23 頁。

9）塚瀬、前掲書、196 頁。

10）山室信一『キメラ―満洲国の肖像―』2004 年、中公新書、22 頁。

11）「郡上村」の名前は郡上郡からきているが、われわれも、郡上郡の南部の 1 村落を 1970 年代から、ほぼ 10 年おきに 50 年間の長きにわたり調査してきたが、この際も、村落の全数調査で人間関係もデータ化したため、固有名詞を避けて「郡上村」という架空のコード名にして調査を続行している。満州開拓団としての「郡上村」については、この地の町村史、猪股佑介の研究（山本有造編『満洲―記憶と歴史―』2007 年、京都大学学術出版会）がある。

12）『年表』188 頁。

13）田村紀雄「井口一郎新聞学の思想的転回」『コミュニケイション科学』第 26 号、2007 年、26 頁参照。

14）古川、前掲書、202 頁。

15）『年表』557-559 頁。

16）井口一郎の家族からの聞き書き。

17）『年表』564 頁。

18）井口の家族からの聞き書き。ソ連兵に受刑者ということはウクライナ戦争でも使われた。「ワグネル」の存在で、実証された。受刑者を前線で「処分」したのである。

第四章

ラスウェルと
「マスコミ」用語の日本登場

― 井口一郎と思想の科学研究会の戦後の貢献―

1. 大陸からの引揚・帰国

井口一郎は日本の敗戦から1年遅れて、大陸から引き揚げてきた。もう満洲も建国大学も消滅したから、新京（長春）では、生活も、安全もだれの庇護もうけることも叶わぬまま、裸同然で1年を過ごしたことになる。これは、井口家にかぎらず満洲に放り出された何万人もの日本人が同じ運命だった。ことに長春は日本の軍人が逃げ出した後、ソ連軍が進駐して公私にわたって略奪の限りをつくし、そのあと、蔣介石の国民政府軍、毛沢東の八路軍が交互に支配して封鎖し、日本人ばかりか現地の住民も餓えと病気、寒さに死者が続出した期間であった。

帰国が遅延したのは、もちろん井口だけではない。建国大学の教員・職員、それに日本人学生は偶然の機会で日本に帰国できた少数のものをのぞいて、だいたい1年以上後の1947年になってからやっと舞鶴、佐世保に上陸することができた。ソ連の侵略で急遽、現地召集された教職員や学生は、そのまままるごとソ連の捕虜になった。日本陸軍に召集されてしまえば、大学教授も学生もなかった。一兵士として日本軍にもソ連軍にも遇された。

井口は高齢（現地召集の嵐が吹いたときには46歳）と病弱で辛くも入隊を免れたが、同僚の多くは、陸軍に召集されて、ソ連軍の捕虜、シベリア奥地への強制労働で、連行されて、ダモイ（帰国）はさらに遅れた。

引き揚げ、帰国したあとも、おおくは就職難と生活難とのたたかいだった[1]。住居さえ、戦災で灰じんに帰し、家族は農村地帯に疎開したままであった。井口が帰国してまず頼ったのは鶴見俊輔の家族だ。かれも、井口のことをいまも「ファミリーだ」と認識している。井口は後藤新平の評伝の資料集めや下書きで、つながりをもっていたし、鶴見父子が海外旅行をした際に、「世話役」で同行していた。

鶴見俊輔は、戦後、新しい思想研究団体の創立に奔走していた最中のことであった。それが、姉・鶴見和子、丸山真男、武谷三男ら7人の学者、思想家で結成した「思想の科学研究会」であった。思想の科学研究会のいちばん大きな最初の目標は雑誌の創刊であった。雑誌『思想の科

学』の創刊号は、1946年5月、先駆社から出版された。敗戦から9ヶ月目には世にでたことになる。これは、鶴見兄弟が戦時中から構想を練っていたからにほかならない。

「思想の科学は、敗戦後の日本に生まれた思想運動である」[2]とした。当初の会員ものちに加入した「物書き」も政府に仕官したものは稀で、在野の仕事に生きがいと誇りを見出した。国立大学にいた研究者ものちに、民間へ移ったものが多かった[3]。

この生まれてまもない雑誌『思想の科学』が、井口に新しい仕事を用意することになった。もっとも、これで糧を得るに十分というわけにゆかないので、著述と大学での非常勤講師というのが、戦後の井口のなりわいとなる。戦後、外地からひきあげたり、敗戦で解体、縮小する政府機関、民間企業で仕事を失う知識層が膨大であっただけでなく、特定の業務についていた知識層、技術者は米占領軍の「公職追放」で、政府等の機関に職をうることが妨げられた。建国大学の教員、学生などもこれに該当したようである[4]。

建国大学の卒業生、中退者は日本に帰国してから大学に入り直して、学歴の「ロンダリング」をできたが、教員は年齢的にも、知名度からもそれは不可能だった。日本の大学から建国大学へ派遣、出向のかたちで赴任した教員もかならずしも元の職場にスムースに戻れなかった。井口は、雑誌『思想の科学』に、短い文章を発表し、その他企業の広報誌等に寄稿しはじめる。現在確認できるものには、富国生命のPR誌『外野人』1949年6月号の「地方に話題を拾う」という記事に名を連ねている。

雑誌への寄稿はいわば雑文でもよかったが、大学の非常勤講師はそうはいかない。当初、明治大学、関西大学、電気通信大学で「マス・コミュニケーション」の授業を、専修大学と神奈川大学では「国際政治論・国際関係論」を、上智大学では「政党論」の講義をそれぞれ担当する。そのテキストとして、最初に上梓したのが、『コミュニケーションの科学』[5]、ついで『国際関係動態論―国際政治の動きとその本質的な諸問題―』[6]である。

2. 雑誌『思想の科学』の編集長に

雑誌『思想の科学』は、「先駆社」から、1946 年 5 月に創刊されたが、社屋があったのは、日比谷の市政会館のなかであった。このビルは、鶴見ファミリーの後藤新平が東京市長時代の 1922 年に、ニューヨーク市政調査会に倣って東京市政調査会を設立、その研究拠点として建てたのでしられる。以後、同調査会、同盟通信社、戦後は共同通信社、時事通信社、日本新聞協会と、ジャーナリズム関連団体があいついでテナントになったことがある。思想の科学研究会も雑誌編集部もこのビル 7 階の小部屋の一角に陣取った。雑誌がジャーナリズム研究とともにジャーナリズムの一端を担ったわけである。

創刊号には、36 ページの小冊子ながら鶴見俊輔、鶴見和子、武谷三男、上田辰之助らの哲学、思想、言語といったその後の雑誌の性格を示す論文を掲載した。ページが少ないのは、印刷用紙が配給制で、入手がかぎられていたからである。日本を占領した米軍は、出版の統制団体が戦前から続けていた出版の用紙配給を商工省に移管させて以降も強い影響力を発揮している[7]。

思想の科学研究会の活動で留意したいのは、GHQ との悪くない関係であるが、この点はここでは本題ではないので、省くが、印刷用紙の配分で配慮があったとおもわれる。GHQ は当時、日比谷にあり地理的にも近かった。

雑誌は創刊号の巻頭に「世界の思潮を、我が国に移入することに専念」するとして、15 年間の日本の対外戦争中に断絶していた、海外の文献の紹介をうたった。創刊号では、さっそく、ソースタン・ヴェブレンの平和論、ギュリオ・ムラトアのマリタンのデモクラシー論の著作への批評などが無署名で紹介された。またこれも無署名であるが、G. ジェイガーの『エンクワイアリー』に掲載の論文の紹介もある。こちらは、プラグマティズムについてであり、鶴見のものだろう。

当初は鶴見ら、アメリカや英国、フランスの思想、書物の紹介から出発したが、3 号以降になると、ソ連関連の文献もあらわれる。またプラ

グマティズムや記号論理学の立場だけでなく、平野義太郎や松本正夫ら
マルクス主義者の論文もでてくる。

井口一郎が思想の科学研究会にかかわりあうのは、この雑誌の書評欄
に原稿を寄せることになってからだ。鶴見俊輔は井口の英語、ドイツ語
のレベルの高さをかねてかっていた。しかも、戦時中、知識人の大半が
日本国内で、外国語の図書との接触どころか、食糧を追いかけ、米軍の
都市壊滅作戦で爆撃から逃げ回っていた時、井口はそれなりに建国大学
で「自由」に、外国語の文献を読むことのできる環境にあった。敗戦後
の一時期、ソ連や現地の住民の襲撃をおそれる時期をかいくぐってきた
にせよ、である。

思想の科学研究会のメンバーや井口にとってさらに幸いだったこと
は、アメリカ政府の公開図書施設が近くに在ったことだ。戦後、GHQ は、
CIE（民間情報教育局）を通じて主な都市にいわゆる CIE 図書館を開設し
た。日本の図書館政策に関与するためもあったが、みずからも米国の図
書、雑誌、新聞を常備して閲覧に供した。普通の日本人は、外貨もない
し、書籍の購入もままならなかったからこの CIE 図書館を利用したわ
けである。

CIE 図書館は 1952 年、講和条約が発効して消滅し、アメリカ文化セ
ンターと改称されて、その所蔵の本類を引き継いだが、日本人は長く利
用して有用であった。井口も頻繁に利用したものと考えられる。そして、
驚くことに、井口は幸運にも 1946 年 8 月に帰国し、その 1 か月後の 9
月 24 日には、最初の長文の書評を思想の科学研究会へ届けたのである。

それは、K. オストロヴィチャノフの論文「社会主義経済発展の基本
諸法」という Science&Society 誌の 1945 年第 3 号に掲載された論文で
ある。オストロヴィチャノフは、ソ連アカデミーの会員で、モスクワ大
学教授の経済学者で、のち 1954 年に日本でも翻訳された『経済学教科
書』の執筆者で知られる。この『経済学教科書』はスターリン主義の集
大成として全面的に否定されるのは、スターリン批判のあとのことだが、
1945 年当時は、ソ連の大躍進の理論的支柱としての人物だった。

井口は勿論、経済学者ではなかったが、帰国できずに消滅した満洲に
足止めをされているうち、オストロヴィチャノフの評判を知って、かれ

の著作に関心を寄せていたものだろう。オストロヴィチャノフは「社会主義的累積は絶えず成長する。労働者の物質的文化的水準も亦、不断に向上する。この両者を結び付けるのは社会主義的に展開せられた再生産である」とか「社会主義政治経済学の理論に対するスターリンの貢献」といった文章がしきりに引用される。この教科書やスターリンの理論・政権が破産したことは今日取り上げるまでもないが、当時は対枢軸国の戦争に勝利し、国内の不満も押し殺していた時期なのでスターリンを特別に個人崇拝化する必要があった。

　井口の紹介論文は、長文のものである[8]。いくらソ連との接触、それも不愉快きわまりない占領があったとはいえ、井口が社会主義にかぶれた、いわんやスターリン主義者になったわけではないだろう。ただ、ジャーナリストとして、当時のソ連の新しい経済理論への関心は人一倍あったにちがいない。「思想の科学研究会」の側にしても、ソ連の学問的事情を紹介する必要はあったし、執筆者や読者のなかに、それを求める声もちいさくなかった。

　そのライターに井口を起用することは人と時宜を得ていた。

　井口の思想の科学研究会との接触の始まりである。

　雑誌『思想の科学』の翌1947年10月、第2巻第1号が発刊されたのにともない編集兼発行人に井口が就任した。それまでは、このポストは天田幸男が任じていた。

　天田という人物は、どういう人か、長年、気にしていたが、田村は2023年になって、天田の家族（娘）と文通に成功した。天田は講談社の元出版部長、業界の用紙統制にかかわった（魚住昭『出版と権力』講談社、2021年）、鶴見父子とは、かねてからの知己で、雑誌「思想の科学」創刊のための出版社「先駆社」の設立にちからをつくした。これで配給制度であった用紙の確保にも目途がついた。講談社には、その創立者野間清治同様に群馬県出身者が少なくないが、天田父子も同様の一人だ。

　井口は、たんなる寄稿家から、編集、経営に責任をもつ出版人になった。戦前、太平洋協会で出版の実務はあったから思想の科学研究会の幹部なら悪い就任ではない。鶴見にとっても安心してまかせられる人物であった。もっとも、これで家族を十分に養える給与であったかどうかは

別である。もっとも、一握りのお役人や成功した企業家を除いて、日本中の勤労者、知識層が似た境遇ではあったが。

雑誌が創刊された初年度の1946年にどういう執筆者、どういう論文が掲載されたか、年度末に『思想の科学』自身が目録をつくっている。その分類によると、過去の哲学批判12本、「ひとびとの哲学」4本、思想史8本、思想家研究13本、方法論7本、言語7本、書評16本、である。「ひとびと」というのは、これまでの哲学というものが、およそ対象にしてこなかった課題やテーマで、以後雑誌が発行され続けた50年間を貫流する基本的な姿勢となった。これは、鶴見ファミリーだけでなく、思想の科学研究会にかかわる知識人たちの基本的な姿勢となるものである。

また、ここにあげた学問のジャンルは、ニューヨーク大学などに結集して「コミュニケーション」学という新しい分野を構築する研究者たちの専門分野であった。

逆に、「思想の科学」の雑誌50年のなかで、次第に消滅するのが、書評である。その理由はいくつか考えられるが、一般のジャーナリズムや、書評専門メディアのなかで、内外の新刊書が取り上げられる機会が増加したことがある。しかし、戦後しばらくは、15年戦争で断絶していた諸外国の文献をフォローしておく必要をメンバーが認識していたのではないだろうか。ちなみに付け加えれば、これらの書評の対象に和書はまだなかった。すべて「輸入業者」として徹底していたのである[9]。

思想の科学研究会は創立者たちの思想や学問的方法から、哲学の論理実証主義、記号論理学、プラグマティズムなどの論文はその後も多いのだが、だからといって一方に偏するという党派主義はとらなかった。マルクス主義やケインズの論考も紹介する全方向駆動の舵を放棄することはなかった。

その傾向のなかで、記号論、言語論、意味論の日本への移植さらに、井口一郎を媒介に、日本に根づかせた「コミュニケーション学」は戦後、思想の科学研究会が日本の学問に貢献したもっとも大きな貢積の一つだったと思う。

1947年の第1号は、これらの分野にページがあたえられた。編集兼発行人、井口一郎の最初の仕事であった。

この号には、南博の「記号、象徴、言語」、鶴見俊輔の「モリスの記号論体系」、そして井口の「コミュニケイション序説—ラスウエルの方法論について—」の論文が収められた。いずれも、特別の研究者以外の一般には馴染みのない初めての主題や人名が普通の読者を対象とするメディアにあらわれたのである。日本の雑誌に初めて学問上の術語として「コミニュケーション」という用語が出現したのだ。

　南博は、戦時中、アメリカに抑留され、戦後は東海岸で、祖国日本人のためにララ物資をおくる運動を湯浅八郎らキリスト教関係者と共同して組織化していた[10]。

　南は1947年3月、帰国したばかりだから、きわめて初期の本格的な論陣であった。コーネル大学では、ゴキブリを対象にしての実験心理学を専攻していただけあって、この論文も「動物心理学的考察」という副題がつけられた。条件反射で知られる個別の動物への環境からの刺激に、ある条件でおこす反応の研究は、ソ連からと、アメリカからと、別々の回路で日本に伝わってきつつあったときだ。動物に反応を起こさせる記号サインは、動物個体がみずから作り出すシンボル、それ以外の記号をシグナルと区別した。人間の言語はシンボルの代表的なものとした。

　南の論文は、かれが帰国する前年に出版されたチャールス・モリスの「Signs, Language and Behavior」がすでに取り上げられており、「輸入業者」としてその後の社会心理学、社会学、そしてコミュニケーション学にあたえた影響は大きい。論文でも、「Symbol行動としての言語を実験的に捉えてゆくことが今後の心理学にとって重要な課題」だと、呼びかけた。戦後の心理学はこのように動くことになる。

　南論文をフォローしたのが、鶴見俊輔の「モリスの記号論体系」である。この論文は日本の記号研究に手引きをあたえるような位置づけをもっている。

　これまで、記号論のてほどきとして、オグデン・リチャードらの書物は読まれていたが、用語法や言葉や記号の術語体系がきっちりしていなかった。モリスは、その弊害を正すため20年以上も、術語体系の完成にちからを注いできたという。たとえば、反応、行動、記号、意味、役割など20数項目にわたって、用語法を検証している。これらの用語法

はその後の社会学、社会心理学、コミュニケーション学の発展に大変寄与した。

コミュニケーション学でいえば、「記号の乗り物」(sign-vehicle) という用語法を提起する。これは、のちにメディアとよばれるもので、記号を運ぶ「乗り物」という概念をしめした。

敗戦までの日本には、新聞学、言論、映画論、ジャーナリスト研究、弘報、出版史等の研究はそれぞれ存在した。しかし、これらを横断または総合する学問は存在しなかった。新聞学も小野秀雄ら、少数の研究者を除くと、記者教育や論壇批評で、大学の関係学科も記者養成のひとつで実務教育であった。小野秀雄も、ドイツの新聞学の流れをくむ文化史・文明史の色合いがつよい。人々の記号のやりとりの生活をアメリカの社会学、社会心理学、記号論理学は「コミュニケーション」という新しい学問分野で発展させていることを日本人は知らされていなかったのだ。

雑誌『思想の科学』のこの号では、また井口一郎が「コミュニケイション序説」という記念すべき論文をはじめて発表する。そして井口はこの号から、編集兼発行人になっていたのである。雑誌は季刊であったが、驚くことは、その執筆者たちの熱意である。それまでの禁欲を一挙に開放されたには違いないが、熱っぽい青年のようにいずれも、分量も、テンションも高い論文を投じたのである。羽仁五郎、武田良三、大河内一男、渡辺慧、小林英夫、宮城音弥らいずれも、長文の論文をよせた。これらの人脈、信頼は、鶴見ファミリーが培ったものであることは疑いない。

3. 井口のハラルド・ラスウェル紹介

H. ラスウェルは、今日では日本でももっとも良く知られたコミュニケーション学者である。コミュニケーション学はもとより社会学や社会心理学、政治学の学徒や若い研究者の論文で、かならず触れるアメリカの研究者の一人である。R. パークらのシカゴ学派のひとりとされているが、パークらとはやや足跡がちがう自立的な学者である。フロイドの精神分析の手法を社会科学に導入、新シカゴ学派とも位置付けられている。1926 年、シカゴ大学で政治学の博士号をとったが、後年は、東海

岸の大学にうつり、第2次大戦中は、ファシズムに抵抗するコミュニケーションの研究で政府に協力している。ラスウェルの政策科学（ポリティカル・サイエンス）は、アメリカで種子が撒かれ、日本では30年くらいしてから芽が出た。

　かれは、講壇的な政治学にとどまらず、実際の政治のなかでの宣伝、調査、パーソナリティといったテーマでたくさんの仕事をした。なかでも、名著の誉れ高いのが、「世界大戦とプロパガンダ技術」（1938年）で、ナチスの手法を研究し、のちのアメリカの対外宣伝の理論的基礎を与えた。今日もなお、米国の対外宣伝はこの流れにあるとみてよい。戦後、米国政治学会会長にもなっている。

　井口が雑誌『思想の科学』の、1947年11月号、1948年1月号で展開した「コミュニケイション序説」は、1946年刊行のラスウェルら3人の学者によってまとめられた『プロパガンダ、コミュニケーションそして世論』というプリンストン大学出版部の435ページの大冊である。

　まず、井口のこれらの文献の入手経路を検討してみたい。

　ラスウェルの『世界大戦とプロパガンダ技術』は1938年の出版で研究者のあいだで大きな話題になっているから、戦前、日本の大学にも入っていたであろう。そうでなくとも、建国大学は入手はたやすかったし、井口の建国大学での担当が「弘報論」であってみれば、入手しないはずはない。建国大学では、教員はもとより学生にも「読書の自由」は広く保障されていた。

　当時、建国大学の学生たちは、その自由を戦後、広く証言している。「規律も厳しかったが、勉強の内容には拘束をうけてなかった。日本国内の大学では戦時中、共産主義の本などを読んでいたら憲兵に引っ張られたと話を聞いたが、建国大学の図書室には共産主義の本はいくらでもあり、自由によめた」。[11]

　また「満洲系」の学生の手記によれば、学生たちの部屋におかれた反日抗戦の図書がカバンのなかに40数冊もはいっていて、中国語・日本語で書かれ、学生たちのあいだで回し読みされていたという。憲兵隊が没収していたものが、図書館の「研究資料」として保管されていた。それが、さらに図書館の司書によって密かに危険をおかして、持ち出され、

流通していたようだ[12]。

　教員の研究用に欧米の重要文献が潤沢な予算のもとに、自由に購入されていたのである。これらの図書は戦後、学生のボランティア活動で整理され、目録ごと中国側にひきわたされた。現在の東北師範大学が受け取ったようである[13]。

　井口が「コミュニケイション序説」で紹介するラスウェルらの『プロパガンダ、コミュニケーションそして世論』は 1946 年の発行である。どのようにして直接入手したのであろうか。

　どうやら、GHQ が開設した CIE（民間情報教育局）の図書館のようである。GHQ そのものは、いうまでもなく、軍国日本を武装解除して無害にするという軍事目的をもっていたが、同時に、「アメリカ文化」を導入する任務もあった。CIE の仕事は日本の「マスコミ統制、政教分離（神道指令）、6・3 制、教育委員会制度、教科書検定、社会科の導入などの教育改革、国会図書館をはじめ近代的図書館制度の導入、文化遺産の保全、婦人運動、社会運動など、極めて多岐に及んだ」。[14]

　CIE は、東京・内幸町の当時の「ラジオ東京ビル」（NHK 本館）に本部をおき盛んに日本の知識層との接触をはかった。思想の科学研究会のあった日比谷の市政会館とは道一つ隔てただけの隣同士で、英語のわかる日本の知識人との交流を求めていた CIE と、アメリカの新情報・新知識への渇望のつよかった思想の科学研究会との利害は一致していた。思想の科学研究会には、戦後米国から帰国した南博はじめ、アメリカ留学経験のある会員も多かった。

　CIE は、米軍の日本占領後の 2 カ月後の 1945 年 11 月には、この内幸町に図書館を設け、手ぜまになってからは、徒歩 10 数分の有楽町に移転、いずれも日本の知識層には大変な便宜であった。

　GHQ は都心に図書館を設けただけでなく、全国地方都市 20 数か所に CIE 図書館を設置して米国の新刊書や新聞・雑誌類を日本人に供覧に付した。勿論、占領政策の一環ではあるが、書物に餓えていた日本人の知識人に大いに活用された。CIE 図書館は、日本人のスタッフとともに、図書、雑誌、新聞、パンフレットの閲覧に供しただけでなく、リクエスト、レファランスにも応じ、レコード・コンサート、英会話教室、

映画の夕べ、など催し、廃墟の日本のなかでもっとも知的で、スマートな空間を演出した。

さて、この「叙説」では、井口は、コミュニケーションを「ひとびと相互の結びつきについての方法論を学問的に確立し、この方法論を提げて、世界の新しい建設という問題」に立ち向かうとしている。あきらかに、民主主義をまもるべく反ファシズムのたたかいを推し進めたとする米国の第2次大戦の大義に裏打ちされている。米国の多数の学者がこの戦線で行動を共にしたのだ。

戦勝の米国と、敗戦の日本は、ともに民主主義の確立を緊急の目標にしていた時代で、ラスウェルにかぎらず、政治や社会改革、人事、教育、産業、学問とあらゆる分野でアメリカの「先進的」な経験、理論、人物、テキストが奔流のように日本へ持ち込まれていた時期であった。研究者、技術者、実務家だけでなく、国民も古本の『リーダース・ダイジェスト』、『ライフ』、『ルック』、新書本、家庭雑誌、風俗雑誌にとびついていた。CIE図書室は東京だけでなく、横浜、大阪、金沢など各地にもうけられた。

ラスウェルの著書は、アメリカでは新しくも、衝撃的でもなんでもなかったが、日本の読者には顔面パンチのようなズシンとくるものだった。

それまでの日本の新聞学（ジャーナリズム論）が、言論、記者、紙面、新聞社、記事といった、どちらかと言うと「静的」で、スキル重視の傾向にあった。しかし、新しい学問「コミュニケーション」学は、「ダイナミック」で、分析的・経験的であった。

「Public Communication」（井口は「公共的な伝達」と訳した）という概念はまことに新鮮だった。「公共」、「伝達」「流れ」、「チャンネル」（系路と訳）、「コンテンツ」（内容）、「効果」、「伝達する人」（現在では「送り手」と訳されることが多い）、「大衆伝達」（マスコミと訳されている）、大衆伝達による大衆の注意をひくための「シムボル」など、その後のコミュニケーション学研究に決定打となる、研究の用語法の整理や翻訳は、例を見ない貢献である。このときの翻訳用語・造語でのちに変更されたものは少数である。井口のすぐれた語学力・研究成果といえる。

用語法だけではない。

「内容分析」という重要な新しい研究方法を紹介、日本の研究に新風

を吹き込んだ。「内容分析」（コンテント・アナリシス）という研究方法・研究技法は米国ではやくから普及していたが、日本ではそれを知るひとはあまりいなかった。案出者がラスウェルやベレルソンというアメリカ人であるということに加えて、その研究の発展の背景が反ファシズムという政治的な事情にある。日本では、社会科学や社会学によるジャーナリズム研究を志す学徒がいないわけではなかったが、日中戦争の拡大のなかで次第に学問の方法に神がかり的な思想が強制されてきた。たとえば、井口が満州で出くわした「弘報」上からの政策貫遂がねらいで、「広聴」（パブリック-ヒアリング）の概念は見られない。

服部之総のような実証的に研究する学者には仕事がなく、「花王」石鹸のような企業の広報部で糊口をふさいだ、大半の社会科学者は体制翼賛に与した。内容分析は、「聴衆、読者の立場の価値を表示するもの」方法だとした。その例として「A国はかならず勝つ」というステートメントは、これを読む人がA国人であるならば、勝つことを欲する、ゆえに、このステートメントはA国人の立場の価値を強化する、と紹介した。今日では、マートンやラザースフェルドによってさらに理論化された「先有傾向」「選択的接触」として定着した研究成果である。

雑誌『思想の科学』では、さらに、内容分析測定の手続き、伝達の反応効果、態度の変化、質問調査とサンプルの代表性、質問票に用いる言葉への注意、術語統一、I-D Ratio や有効―無効の差など、かなり詳細に調査論を展開している。

これら一連の論文類は、井口が日本におけるコミュニケーション学の開拓者としての名をのこすつぎなる仕事を用意することになる。雑誌『思想の科学』の1948年での論文「新聞學えの新しい構想」等や、1951年に出版する『マス・コミュニケイション―どんなふうに大衆へはたらきかけるか―その理論と実証』（光文社）の上梓である。井口の「コミュニケーション学」の一応の集成である本書については、紙数もあり、ここではふれない。改めて、第六章で詳述する。いずれも、日本のコミュニケーション学研究の歴史的なマイルストーンになる業績である。

4. 地政学からアメリカ型「国際関係論」へ

井口はかって東京帝国大学新聞研究室でジャーナリズム論を研究し、国民新聞の記者として働き、建国大学で「弘報論」を担当したというキャリアと、戦前に太平洋協会や地政学協会に勤務し、地政学の多数の論文、出版物に関与したという経歴の両面性をもっていた。

大学の非常勤講師暮らしは経済的に厳しい。井口は1956年、『国際関係動態論―国際政治の動きとその本質的な諸問題―』（恒星社厚生閣、284頁）という著書を刊行する。その著者紹介のページで、「引き揚げ後、著述に従事するかたわら専修大学及び神奈川大学にて国際政治論国際関係論、上智大学にて政党論を担当し、太平洋協会調査部に勤務す」とのべている。また、明治大、関西大、電気通信大でもマス・コミュニケーション講座を担当していると書いている。これらを同一年に担当するとなるとかなりきつい仕事である。大学だけで6校である。年齢は50歳をこえていた。

かならずしも頑強とはいえないからだで、これらをこなしたのだ。太平洋協会というのもまだ存続していたようである。「国際関係論」は、戦前、戦時中の「地政学」で身につけた知識の延長であったが、そこにはアメリカ型への静かな軌道修正があった。

雑誌『思想の科学』の編集長を引きうけた1947年の10月号に井口は3本の国際政治にかんする論文を寄稿している。

まず、1947年10月号に書いたのが、「シーアンの『国際政治論』―“家いえの対立”」である。これは、*Vincent Sheean, This House against this House, 1945, Random House,* 416p. の紹介論文である。本書も発行されて間もない。また、実はシーアンは、米国でも、その後の日本でも、それほどポピュラーなライターではない。1899年、イリノイ州中央部の農村地帯にあるパナという人口数千人の町にドイツ系移民の子として生まれ、いくつかの評論集、ルポルタージュを書いたジャーナリストで、1975年にイタリアで死んでいる。

シーアンはジャーナリズムへの寄稿とともに、30冊におよぶ著書、評論集を上梓しているが、ガンジー評伝など人物にかんするものも少な

くない。1963年10月64歳のときには、『Harper's Magazine』のカバーストーリーとして著名な人物にとりあげられた。レポートを寄せるなど生涯ジャーナリストとして生きた。

井口がシーアンのこの書をとりあげたのは、その内容への共感もさることながら、ジャーナリスト出身の国際政治の物書きというところに、自身のキャリアと二重写しを感じ取ったのではないだろうか。ことに、第2次世界大戦前後のヨーロッパの複雑な国益同士の対立、ファシズムと反ファシズムの激突、それに先立つフランスのルール地方の保障占領、スペイン内戦を見聞し、またアメリカの新聞『シカゴ・トリビューン』特派員としての仕事、さらには日米戦争になるや空軍の情報士官としてB29に搭乗、アジアの空をとんでいる。新聞記者も大量に軍に徴集された時代である。この体験がシーアンをして、のちに戦争記録文学、映画製作者 W. ワグナーの Personal History や旅行記、その他多数の評論と幅の広い業績につながった。

さて、井口がとりあげた『家いえの対立』は3部からなり、その生涯に出くわした戦争などの国際紛争にたいするエッセイ等の集成からなる。井口の論評も雑誌『思想の科学』22ページ分におよび、紹介とのべているが、書評とはいえ独立した大論文である。

シーアンの論述は前大戦処理の1919年5月の巨頭の会議から、シーアンが世界史的意義とよぶ国際連合を産み落とす桑港会議におよぶ国際的事案、会議、人物をフォローし、「東洋における日華関係」を論じる。興味深いのは、この章でも、欧州での国際関係と同様に、キーパーソンを取り上げていることだ。欧州では、ウィルソンやクレマンソーをその人物にしたが、日華関係では西園寺公望に焦点をあてる。たとえば、クレマンソーがドイツのブロックドルフ・ランツアウに条約を手渡したとき、同席していた日本全権団の西園寺、珍田捨巳、松井慶四郎らが「快心の笑をもたらした」ことを、取材していたシーアンは見逃さなかった。

また、西園寺公についてつぎのように述べている。

「西園寺公については、公の一生が日本の武家封建制の時代から高度の工業化、強大な海洋国へ膨張した時代にいきた」その91年間、真珠湾攻撃は、公の死後1年後の出来事で、もし公が生きていたら「異論を

唱えた」とシーアンは指摘する。西園寺が特別な非戦主義者というわけではないにしろ、現実主義的な国際政治におけるキーパーソンの役割を深くかんがえるシーアンの理論である。

また、日本外交政策が、他の近代諸国に比し、①著しく同質性がある。すなわち党派的な政治作用をうけにくい、個人的な野望の道具にされない、国内政治と外交関係の対立や抗争に左右されない、②継続性がある。すなわち自己閉鎖的（世捨人的）、孤立を断念して、世界の流れに与して以来の日本国の外延的推進を変更しなかった。明治7年の政変を契機にして、不平等条約の清算、琉球を足場に、台湾、朝鮮、満洲への伸張である。③国内的論理性がある。対外的に方法等で国内に異論はあっても、膨張方針では一致した。「宗教的愛国的基礎」のもとに日本人は一体化した、とみている。

勿論、このシーアンの分析には別の意見もあるが、1945年という戦争終了時にこれまでの日本の対外活動を鋭く総体的に分析しえたのは、ジャーナリストとして、長年、国際舞台に活動したためだ。

5. 桑港会議、マスコミのちから認識

コミュニケーション学の立場から、シーアンの著書で興味をひくのは、国際連合を結実させた桑港会議でのジャーナリズムの役割である。この会議は、それまでのいかなる国際会議とことなるのは、アメリカとロシアという Big Two の世界における役割の認識であった。さらには大西洋憲章の文言でみられる反ファシズム、民族自決権、人間主義、国際連合の創設、「強国の歩調の帰一化」ということばで示される「拒否権」の承認、これは旧国際連盟がファシズムの台頭に無力だったことへの反省から導き出されたもので、同時にシーアンは小国家群の権利にも目をむけている。

大西洋憲章は1945年6月25日に調印され、アメリカはただちに批准した。

桑港会議がいかに重要であったかは、今日の国際連合の役割をみれば了解できる。会議をリードしたアメリカはあらんかぎり、ジャーナリズ

ムを動員したとシーアンは述べ、井口はつぎのように解説している。

「新聞と国際政治との関係を、本書の各部門において断片的に扱っているが、彼の意味する新聞は、広義における新聞、すなわち、新聞、ラジオ、ニュース写真を包含している」。

これは、のちに、井口がジャーナリズムを日本の伝統的な印刷による新聞にかぎることなく、戦後の日本で市民権をえる「マスコミ」「マス・コミュニケーション」とういう概念をはやくも認識したことを示している。「マスコミ」は、世論というちからを動かす道具として認識される契機であったことは、日本も日本の学者たちもまだ知らなかったのである。井口は、シーアンのこの著書を通じていち早くその重要性を嗅ぎとった。だから、シーアンの紹介論文は、たんなる国際関係の紹介ではなかった。

アメリカは「第4の権力」としての「マスコミ」の力量をいちはやく知っていた。だから、この桑港会議をカバーする記者1600人のために、600の宿泊施設を用意した。記者証の乱発とか、記者特権の制度化といった批判もないでもないが、ともあれその後の国際的な会議、事案、事件でのForeign Correspondentの活躍の場をあたえたメディア操作は、アメリカのお家芸であったが、この会議への動員ほど大規模なものはない[15]。

大西洋憲章の理想は、1941年8月、カナダ東部のニューファンドランドの海上に停泊した英戦艦「プリンス・オブ・ウエルズ」艦上で米F. ルーズベルト大統領と英W. チャーチル首相との間で調印された「アングロ・アメリカン・ステートメント」に発している。米英中心に、戦争による領土の非併合、民族自決権、経済協力、国家の間の安全保障、航海の自由など8項目からなる画期的なものに見えたのだが、無視できないロシアの国際政治での役割の問題は国連発足まで不確かであったし、ここにあげた理想はその後の国際政治のなかで必ずしも達成されていない。

大西洋憲章は明らかに隣国を攻撃している日独を念頭にしたものだが、皮肉にも戦争緒戦に新造の「プリンス・オブ・ウエルズ」は日本軍の戦闘機により撃沈されてしまう。

日本人としてシーアンの著書の重要部分は原子爆弾の投下問題であ

る。シーアンも原爆の使用が日本国民に「終戦判断を告げることができた」という立場にたっているが、「がしかし、原子爆弾が日本人の意識にどんな作用を与えたかということは、今後、検討される問題である」としている。これも、コミュニケーション研究者であるとともに、ジャーナリストとしての井口は見逃さない一章であった。国際関係は、まさに、コミュニケーション学の不可欠な分野になってくるからだ。

さらに、井口は、シーアンの「熱烈なる急進自由主義のジャーナリストとしての見解」として「同一の世界に二つの社会観を割り当てることは可能である」と、平和共存の哲学を指摘している。井口は国際関係の研究者としても、戦前の地政学的世界観から、平和共存の理想をもとめる研究者に転換しうる契機をこの論文で受け止めることができる。この確かな兆候は、雑誌『思想の科学』の同号に書いたふたつの新刊書の書評にみることができる[16]。

E.A.Speiser, *The United State sand The Near East.* Harvard University Press.

E. H. Carr, *The Soviet Inpact on Western World,* Macmillan Co.

これらの書物の主題も戦後の国際社会をひきまわす問題であり、井口はいち早くこれらに眼をとおして戦後の日本に問いかけたのであった。たしかに井口は、地政学から国際関係論にカジを切ったが、この流れは、井口ひとりではない。太平洋協会等で派手に地政学的な論陣をはっていた平野義太郎その他のマルクス主義者も、国際関係論や国際政治学に華麗なる再転向を果した。雑誌『思想の科学』は、どのジャーナリズムよりも鋭く、先見のまなざしをもって日本のジャーナリズム、学問、政治に問題を示し、井口は鶴見俊輔らの思想の科学研究会の7人の創設者とともに、その場にあった。

【注】

1) 建国大学の教職員や学生も、帰国後はばらばらに、郷里等で生活、仕事の再建に没頭しなければならなかった。求人が少ない上に、GHQの「公職追放」で仕事が制限された。建国大学は、「公職追放」のなかのもっとも人員の多い「b項」に該当するとされた。しかし、やがて、建国大

学の学生は当初は地方ごとに、のちには全学あげた「建国大学同窓会」に発展してゆくが、1954年5月の同窓会設置の第1回総会には、井口も出席している（『建国大学同窓会日本での歩み』2007年、同同窓会刊、4頁）。出席教員のなかには、作田荘一、天沢不二郎、筧克彦、中山優、村教三ら21名の名前がみえる。教員たちも、帰国後、安泰してくるにつれ、多少の交流はあったようである。学生たちは、どこの学校でも同様だが、団結をつよめてゆく。

2）思想の科学研究会「趣旨と活動」1951年。

3）田村著『日本のリトルマガジン』1992年、出版ニュース社、42頁。

4）建国大学同窓会長・藤森孝一からの聞き書き。

5）井口一郎、1949年、大洋図書、192頁。

6）井口一郎、1956年、恒星社厚生閣、284頁。

7）井川充雄著『戦後新興紙とGHQ』2008年、世界思想社、254-256頁。

8）『思想の科学』第3号、1946年12月号。

9）思想の科学研究会を、1960年の安保闘争までの時期を、わたしは「輸出業者」となづけた根拠を、大学院の最終講義の中で論じた。拙稿「わがコミュニケーション学の青春」『コミュニケーション科学』24号、2006年3月、11頁、東京経済大学

10）田村著『海外の日本語新聞』2008年、世界思想社、196頁。

11）『歓喜嶺遥か（上）』1991年、建国大学同窓会、76頁。

12）同上、119頁。

13）建国大学の周辺には大同大学など多数の高等教育機関があったが、戦後、大学の新設、統合がおこなわれた。一般的に中国では戦時中までの日本の建造物は名称を変えて利用するケースが多い。新京（長春）の関東軍司令部が共産党の地方委員会、大連の満鉄本社が中国鉄道の地方管理局など。しかし建国大学はすべて取り払われた。

14）渡辺靖『アメリカン・センター―アメリカの国際文化戦略―』2008年、岩波書店、31-32頁。

15）Frank L. Mott, *American Journalism*, 1962, Macmillan Company, pp. 788-789.

16）『思想の科学』1947年10月号、327-330頁。

第五章

「新しい新聞学」の誕生と
「マスコミ」論の影響

― 井口一郎に始まる戦後の "アメリカ種" 研究の移入―

1. 「新聞学」改革のランナー・井口一郎

　本書は、井口一郎をキーパーソンとする日本における「コミュニケーション学」の源流をあきらかにするために研究してきたものである。井口は満洲に創立された建国大学に教授として赴任、敗戦による大学の解体、ソ連軍の新京（長春）進駐で帰国が遅れ、1946 年帰国、雑誌『思想の科学』の編集長を経て、上智大学の非常勤講師等をつとめる傍ら、文筆で生計をたてる。この戦後、多数のコミュニケーション論に関する論文、著書を発表する。

　思想的には、学生時代、同郷・同窓の中野重治の影響を受け、左翼思想に接近し、正式の会員かどうかは判然としないが、東大新人会のグループに属し、昭和 10 年代になると、地政学の影響をうけ、その関連論文・著書もある。建国大学で新聞学、弘報論を専攻、帰国後は、地政学から国際関係論へ転向（日本の地政学者は大半この時期に転向）、新聞学も「コミュニケーション論」「マスコミ論」へとステップをかえる。井口らにかんしては、戦前から交友のあった鶴見俊輔と思想の科学研究会が足腰の強い研究の受け皿になる。

　なお、井口一郎のコミュニケーション論への寄与については、津金沢・武市・渡辺共編『メディア研究とジャーナリズム 21 世紀の課題』（2009 年、ミネルヴァ書房）所収の田村の論文・第 1 章「メディア・コミュニケーション研究の歴史」でとりあげた。この論文は、1998 年に脱稿したものであるが、なんらかの事情で発行が 2009 年になった。脱稿して 10 年以上を経過したが、校正時に一字一句の補正も必要としなかったと記憶している。編者のひとり渡辺武達氏も随分、忍耐強くマネージメントされたことに感謝している。このミネルヴァ書房版の論文以外にも研究史にふれたものがいくつかある。

2. 本章での主題─「新しい新聞学」が提起される

　井口は戦後、中国・東北部と呼ばれるようになった満洲の新京（これ
も長春になる）から帰国して、"定職"らしいものといえば、雑誌『思想
の科学』の編集長になったくらいである。この仕事も鶴見俊輔氏に質す
と、一応の有給ではあったようである。この時期、戦後の混乱もまだ癒
えず、文筆だけで生活できた知識人はそう多くない。

　雑誌『思想の科学』は、思想の科学研究会という非営利団体の機関誌
的な存在ではあったが、一応、商業雑誌の形態をとっていたため、原稿
料も額は、ともあれ支払われていたようだ。専従の編集長もまったくの
ボランティアではない。じつは、専従スタッフ、執筆者への対価の支払
いは、思想の科学の創刊から、50年後の「休刊」まで、続いた方針であっ
た。これは、鶴見俊輔の考えにもとづくものであった。

　戦後の「リトル・マガジン」ブームのなかで、50年の長きにわたり、
継続して発行できたのは、鶴見俊輔一族の全力をあげた経済的、精神的、
人間的なテコ入れがあったからには相違ないが、思想の科学研究会とい
う「学会」、学問的スクールの有志によるバックアップもあった。

　雑誌は、リトル・マガジンであったが、文学サークル誌や特定のイデ
オロギーの機関誌でもなく、広く市販され、国民に開かれていた。市販
されているということは、読者に敏感であるということだ。読者の関心、
要求、期待等にそった編集が必要だ。主題、執筆者、内容、文体、商品
としての価格やデザイン、販路網、アフターケアなどだ。読者からの投
稿にはとりわけ大きな関心をはらった。

　『思想の科学』への投稿を通じて、その仕事や着想が学会やジャーナ
リズムに評価され、のちのち優れた研究者や物書きになった事例は枚挙
にいとまがない。このことも、思想の科学研究会の大切なミッションで
あった。会員も職業的な研究者だけでなく、仕事や家庭をもちながら研
究に邁進するメンバーをふくみ、学歴、業績、職歴、年齢に関係ない人々
を包摂していた。これも研究会、雑誌の精神であった。

　井口一郎はこのような性格の雑誌の編集長に指名されたのである。そ

の時の編集室はまだ日比谷の市政会館、発行所とした「先駆社」も同所、いうまでもなく自前の体制だ。井口が引き継いだ『思想の科学』は、第2巻・第1号、1942年10月号からで、その直前の編集兼発行人は天田幸男である。かくて、井口は雑誌の編集、発行人、寄稿家をかねることになる。

その最初の号では、小林英夫によるソシュールの言語学の紹介、宮城音弥のカーディナーの心理学にかんする新著などが紹介されている。いずれも、広い意味でのコミュニケーション学の裾野を構成する新しい言説をもちこむものであった。つづく号では、アメリカから帰国したばかりの南博が「記号、象徴、言語」論とあたらしい理論や研究業績が紹介された。

雑誌に井口があらわれるのは、1948年3月号（Vol.3、No.3）からであるが、かれはその間、伝統的な日本の「新聞学」にかわる、新しい海外の研究業績に裏打ちされた「新聞学」を思考していた。日本での伝統的な「新聞学」は、小野秀雄に代表されるドイツ流の文化学の「新聞学」のながれ、新聞の発生や新聞社、記者研究、また記者教育のための実務的研究等が当初大部分であった。変化の最中であった。

それに対して、社会学、社会心理学、心理学等の成果をふんだんに取り入れたあたらしい「新聞学」の必要を感じていた。遮断されていた海外の学問にふれて、大きな衝撃をうけたのは事実だし、井口も変わり身をはやくしなければ、仕事もなかったからだが、これはなにもかれ一人ではなかった。1945年末から1946年にかけて雑誌『思想の科学』や思想の科学研究会に身を寄せていた大半の研究者、知識人がまだ安定した職についていなかった。あたらしい海外、ことにアメリカの思潮にふれるには思想の科学研究会はすばらしい環境を用意したのである。

この「新しい新聞学」は、マートン流にいえば、「アメリカ種」である。マートンは、社会学の分野で、「ヨーロッパ種」の社会学と区別して、経験、実証、調査を重視する社会学を「アメリカ種」とよんだ。新聞学講座のある主要大学の研究者が中心となって「日本新聞学会」が創立されたのは、1951年であったが、その日本の「新聞学」も、ドイツでの産地をかんがえると「ヨーロッパ種」であった。

むろん、この新しい学問の契機となったのは、メディアの技術革新、政治における民主主義、主体的に行動をおこす「大衆」の出現、消費生活の変化、戦争によって犠牲をはらった兵士の大軍、ファシズムの崩壊、人々の亡命、難民化、戦時動員などによる移動とエスニック・グループの発言権の増大などきわめて大きな変化があった。メディアの技術革新でいえば、ラジオなど電気通信手段の革命的な進歩、写真雑誌などのグラビア大衆誌を可能にした印刷技術の登場などかぞえきれない。[1]

　メディアの技術革新のなかでも、とりわけラジオなどの電波媒体は、従来の「新聞学」または「ジャーナリズム」の枠組みでは、掬いきれない主題をあまりにおおく出現させていた。いうまでもなく、メディアのなかで、新聞は「言論の自由」に代表される、「言論」を主題にする点では、他に類を見ない優越性をほこっているが、速報性、プロパガンダ的な説得性、娯楽性、商品の購買意欲を掘り起こす影響力などでは、ほかに優れたメディアはアメリカではつぎつぎに生れていた。伝統的なジャーナリズム論の及ばぬところである。

　井口は、帰国後に温めていた論文「新聞学えの新しい構想」を、『思想の科学』3巻3号（1948年3月）に発表する。思想の科学研究会も、自前の版元「先駆社」も、市政会館から、ちかくの別の三幸ビルに移っていた。会も社も活動がひろがると間借りというわけにゆかなかった。

　この論文は、9節からなり、戦後日本の「新聞学研究」の画期をなすものであった。「新聞の本質と機能を探究する」ことが、敗戦までの日本の学問にかけていたこと、欧米では「公示性を中心とする広義の新聞学えの道を開拓した。単に新聞ばかりでなく、ラジオ、映画、演劇のような公示性をもつ一切をふくめての公示学の体系（広義の新聞学）えの道を拓いた」とまず述べている。これは、まさしく、今日でいう「コミュニケーション学」のことであったが、日本にはまだその用語法がなかった。

　もっとも、アメリカでも、「新聞学」（ジャーナリズム）と、マス・コミュニケーションとの互換性は完全に解決しているわけではない。各種のテキストも両者は同一なのか、互換性があるのか、どちらが上位概念かといった議論がときおりある。一例が『ジャーナリズム・クオタリー』で

知られる学会誌も、後年、マス・コミュニケーションの用語を追加して
いるし、大学の学部もジャーナリズム学部がマス・コミュニケーション
学部に改名または、再編されているケースが多いが、これは、概念の延
長というよりも、新聞産業が相対的に小さくなり、それ以外のメディア
産業が伸展しているという産業構造の変化が影響している。

　ジャーナリズムを新聞学でいいかえるような用語法が、「広義の新聞
学」にあてはめるような用語法も概念も日本ではまだ存在しなかったの
だ。建国大学に在籍し、漢字の知識はもちろん、中国語の情報もあるて
いどもっていたはずの井口にも「コミュニケーション」に相当する用語
法がおもいつかなかった。これは、コミュニケーションだけではなく、
これに関連するテレビ、ラジオ、パブリシティ、マス・メディア、プラ
イバシイ、リテラシイといった概念をこなれのよい日本語にする能力が
日本に欠けていた。

　日本のファシズムと戦争体制の時代、外国の知識や情報を受け止め、
消化する能力が消え失せていたのだ。この時期、福沢諭吉や西周といっ
た学者はついぞ育たなかった。

　これは、日本だけの話ではない。「漢字」を歴史的に相当受容してき
た東アジア諸国も「外来語」の翻訳にとまどっている。「かな」のない
中国では、コミュニケーションを「伝播」学、逆に、「漢字」から脱却
しつつある朝鮮半島では、ハングルで表現している。

3.　コミュニケーション科学の提案

　井口は結局、この「新しい新聞学」を「コミュニケーション科学」と
命名するにいたる。日本の「コミュニケーション学」の誕生である。以下、
雑誌『思想の科学』の井口論文を少々長いが重要なので紹介しておく。
　「この荒野えの開拓は、ラスウェル一派のひとびとによって驚異的に
推進せられ、広汎なる発展を遂げている。
　もとより、ラスウェル一派の学者達は、新聞学だけを専攻しているの
ではない。ラスウェル教授は政治学者であり、すでに、同教授はその著書、
世界政治論や政治家性格論等によってわが国にも紹介されている。新聞

学にとって、ラスウェル派の学者たちが特に重視されるのは、同派のひとたちが、最近、ひとびとの結びつきに重点をおくコミュニケーション科学の組み立てに努力し、着々、その成果を発表しており、新聞学の機能論の解明に寄与する。

のみならず、この派のひとびとは、新聞、ラジオ、映画などふくめてのコミュニケーション科学成立の可能性を説く。ここに広義新聞学（公示学）に対応する広義の機能論が登場する。」

「ラスウェル派」というのは存在しないので、ラスウェルをふくむシュラム、マートン、カッツ、ラザースフェルド、シーバート、ミルズ、ケーシーといった一連の社会科学、人文学や少数の自然科学者の人々をひっくるめた表現だろう。特定の職場でも学会のメンバーともいえない。あえていえば、シカゴ、ミシガン、イリノイなどの中西部の古い大学や東部のアイビーリーグにかかわり、きわめて実証的なコミュニケーション研究の集積地で学風の影響をうけたひとたちだ。

かれらの研究業績、論文、情報が、学問の新風に飢えていた日本のとりたて若い研究者にあたえた影響、衝撃はおおきかったようだ。敗戦直後、大学を卒業して大学での研究者の道をえらんだコミュニケーション学の研究者は口をそろえてその当時のショックをふりかえっている。[2]

さて、井口はこの「コミュニケーション科学」の成立の道程を、アメリカ社会やヨーロッパでの「自由」と「民主制」の運動に眼をやりながら論じている。この時期に研究者になったアメリカのコミュニケーション学者の大半が、ナチスの欧州侵略などファシズムとの戦いを体験した世代だということは大切な要因だ。

ことに精神分析や記号論理学など、ナチスに追われてアメリカへ亡命し、そこで学問を発展させた。ユダヤ系のアメリカ人が多数、メディアやジャーナリストにおり、コミュニケーション研究者にも含まれていた。かれらは、旺盛な民主主義擁護の姿勢で学問をしていたのである。ダニエル・ベル、ライト・ミルズ、ハラルド・ラスウェルのような「急進的」なものの考え方での学問も珍しくない。

井口がこの『思想の科学』誌の論文のなかでみせた洞察は、メディアの企業または、資本としての本質への踏み込みである。大発行部数をも

つ大衆的新聞の経済的基盤と新聞の自律・自由の問題、また「新聞の公共性」と「企業的営利性」との二律背反など、アメリカの新聞もかかえる矛盾をリップマンの言説によりながら論じた。

また、戦時下ですすんだアメリカのコミュニケーション学研究の背景となる重要な社会調査や実証的研究に言及していることには驚かされる。たとえば、オルポートらの調査だ。G. W. オルポートは、戦時下で異常心理学の学会誌の編集責任者をつとめる一方、パーソナリティの調査や研究ですぐれた貢献をする。この種のテーマの設定自体が日本では顧みられない全体主義の思想がまかり通っていた。パーソナリティという用語や概念も日本語に移しにくいほどなのだ。ことに、オルポートらが関心を寄せたのは「偏見」「差別」といった人々の態度だった。

これらの態度がなにによって醸成されるのか。オルポートとレプキンは協力して戦時下のアメリカを代表する 12 の代表的な日刊新聞の 4000 の見出しから 126 本を抜き出して、190 人の読者に回答をもとめた。その結果、新聞が自国の戦況に不利を伝えても、読者は積極的に国防に協力し、逆に自国に有利な戦況を報じたとき、「道徳的価値を高めるための刺激を減じる」という。

社会学や心理学に統計的研究や調査方法をもち込む、先進的研究は、その後の社会科学に与えた影響は大きい。

著者も、カナダの戦時の日本人への強制収容のとき、新聞が収容される日本人に対して同情的な場合は「ジャパニーズ」とし、偏見や差別的に扱うときには「ジャップ」とした。これを、同一の新聞が同じ日付の同じスペースの中で報じたのであることを発見した。[3]

新聞が、自国の敗北や戦況の不利を報じたと言って、新聞が「反公共性」があるとはいえない、としている。これは、政府が、とくに戦時下に新聞報道を統制し、ときにプロパガンダが昂じてデマをながすようなことを批判したものである。ことに戦時下ではフェイク・ニュースの洪水があることは周知である。

アメリカのコミュニケーション学会において、戦時下、情報公開やメディアの合併、独占化などが民主的報道との関連でずいぶん議論されていたことも、伝えている。その論者のひとりが、F.S. シーバードや B. L. ス

ミスだった。都市での新聞社の合併が続いている状況は、日本と似ていた。日本も、戦時体制下に、「1県1紙」政策が軍部・ファシズム政権の強要で進められていた。戦後は廃刊新聞が復刊したり、あらたな民主的な新聞をめざして創刊された県域新聞が経営がおもわしくなく、再び大手の新聞社に吸収されたり、合併する危機がせまっていた。シーバードらは、ひとつの社会に1社より2社のほうがベターであるなど、言論の自由のための施策を提起していたのだ。

井口は、アメリカのジャーナリズムの趨勢とラスウェルらの理論・研究を日本の「新聞学が今後、とりいれる」ようにというのが、論文の結語であった。

4. 日本の研究者たちの反応

アメリカ型の「新聞学」の影響に日本国内の研究者の反応は大雑把にいってふた通りある。まず、戦前からの「古典的」な新聞学研究者である。戦後、GHQ の「指導」で新聞社の「民主化」、新聞の自由の再認識、ジャーナリストの「反省」、新しい新興紙の台頭などの現象はたしかにあった。しかし、新聞にかかわる団体、研究機関、大学の反応は鈍かった。大学で「新聞学」を研究する機関、講座、授業は大小すくなくとも東京大学、上智大学、明治大学、早稲田大学、日本大学など10余の大学には存在していた。当時の各研究機関、講座、専攻の公的な記録をよむと、大学等が蓄積してきた伝統や業績と、あたらしいコミュニケーション学の学問的なインパクトとのあいだのギャップや葛藤がよく読み取れる。

上智大学は、すでに戦前、1933年に新聞学科を設置していた。小野秀雄が設計、カリキュラム、人事でイニシャチブを執った。小野の伝手で、杉村広太郎（東京朝日新聞の取締役）、坂口二郎（萬朝報主筆）、千葉亀雄（東京日日新聞記者）らとともに、鈴木悦、井口一郎らの当時としては若手または中堅的なジャーナリストの名前が講師陣にラインアップされている。

戦後、上智大学は、新聞学科を新制大学制度のもとに、再編成するが、その際も小野秀雄が構想をすすめる。当初は、戦前からのカリキュラム

思想をひきつぐが、次第にアメリカからの新しいコミュニケーション学の影響が浸透してゆく。これがはっきり表れるのは、上智大学新聞学科のOBで、シャトルの大学に2年間の研究留学をして帰国する川中康弘が教壇に立って以後であるが、「マス・コミュニケーション調査」等の授業を興すことになってからこの傾向は顕著になる。[4]

　川中が上智大学の教育方向を一変させたともいえる。

　川中はその後、日本のコミュニケーション学研究に大きな影響をあたえるW.シュラムによって創設されたイリノイ大学大学院のコミュニケーション学研究科に1964年に留学しているが、そのときのことを述べている。

　「ここで、新聞学が、人類学・心理学・社会学・経済学・政治学・言語学・情報科学などにかかわる新しい学問領域であることを痛感した。これからの新聞学の研究と教育には、広い国際的視野が必要になってくるように思われる」。[5]

　これは、すばらしい洞察である。川中は、機会をみては、海外の「新聞学」研究や教育を視察していた。著者も、ハワイ大学のイースト・ウェスト・コミュニケーション研究センターで偶然会うなど、海外で会うこと、数回に及んだ。この研究センターは、W.シュラムが所長をしていたことは著名だ。

　この川中の留学と文章は、上智大学があらたに大学院新聞学研究科を開設するために、許認可官庁である当時の文部省に認可申請を出すべく、その理論武装のために留学していたのである。文部省には、すでに学部レベルとしては、文学部新聞学科は戦前から設置されていたが、大学院レベルでの設置構想で「新聞学」の名称による申請には、それなりの理論武装が必要であった。川中の知識のなかには、「新しい新聞学」が、記者・ジャーナリスト養成の伝統型の「新聞学」と別種のものであることは、すでに理解していたが、大学院教育のためには、旧来型との接木もふくめ、文部省、学内の説得がそれなりに必要であったとおもわれる。

　上智大学に大学院の前期課程（修士課程）、ついで後期課程（博士課程）が「新聞学」の名前で設置認可がおりたとき、川中はこおどりして、「日本ではじめて"新聞学"の名で研究者養成の大学ができた」となんども

102

語っている。この先見の明により、上智大学はその後「新しい新聞学」⁶⁾のすぐれた研究者を多数輩出することになる。

著者（田村）は、川中教授の奮戦のおよそ 10 年後、勤務していた東京経済大学が日本で最初の「コミュニケーション学部ならびに大学院コミニュケーション学研究科（修士・博士）」の設計、教員陣のラインアップ等開設のため 10 数年の努力をすることになる。

「新しい新聞学」の日本への浸透を背景に「日本新聞学会」が 1951 年に創立大会をひらくが、その研究題目には、当初から「新しい新聞学」、すなわちコミュニケーション学の領域をもった内容があらわれてくる。

1952 年、日本大学で開催された第 1 回大会には、「ラジオ聴取者」「コンテント・アナリシス」といった雑誌『思想の科学』等で輸入されはじめたアメリカの新しい理論や方法論がもちこまれている。

「新聞学」や「新しい新聞学」の大学への浸透は、戦前からの教育実績のある東京大学、上智大学、明治大学、日本大学、慶応大学などでそれぞれのスタイル、テンポで封切りされるが、アメリカの影響のうちで、学問・思想とならんで、アメリカ占領軍（GHQ）のサポート、介入の問題がうまれる。戦前から続く検閲などの言論統制法規の撤廃命令、戦争に加担した言論人の公職追放、新聞用紙の配給・統制、占領目的に抵触するとされる言論の検閲や介入、メディア産業に惹起された労使紛争への介入など広範に及んだ。これらは、深く、広く、波もある。

なかでも、東京大学における GHQ と、大学側のつばぜり合いである。大学側では、大学の正規の機関である評議員会と小野秀雄（文学部講師）とで、かねての計画どおり「新聞研究所」の設置を文部省にはたらきかけていた。それに対して、GHQ は「スクール・オブ・ジャーナリズム」（4 年生新聞学部）の開設を提案した。小野によれば「この意見は、司令部から直接大学に通達せられたらしく、総長（南原繁）はその手紙を私に示してわたしの意見を求めた」。

「私は、研究教育の衝にあたる専門家がいない今日、まず、研究所を創設し、学者の養成に着手すべきではないかと答えた」と、妥協はならなかったということである。⁷⁾

そこで、GHQ の考えたことは、アメリカのジャーナリズム研究者を

日本に派遣するということであった。これは、なにもジャーナリズムやコミュニケーション研究の分野にかぎらない。教育、経済、政治、行政のあらゆる分野にアメリカの学者や専門家が派遣され、日本の当該分野に影響を与えようとした。ジャーナリズムでは、1947 年、ミズーリ大学のジャーナリズム学部長をしていたフランク・L. モットが「日本の新聞の民主化と記者教育を援助」（小野秀雄）すべく来日した。

　モットは、アイオワ大学に学んだ著名なジャーナリストで大学教授でもあった。『アメリカ雑誌の歴史』の著書と大学でのジャーナリズム教育の成果でピュリッツアー賞を受賞している。モットは日本滞在中に小野、米山桂三らと 10 回におよぶ研究会を実施、モットは日本の大学でのジャーナリズム教育として英文のペーパーを提示した。その中身は、4 年間のジャーナリズム・スクールのカリキュラムで、前期 2 年間の教養教育、後期 2 年間のジャーナリズム・プロパーの学科目とある。

　GHQ と、日本新聞協会の支援をえての行脚であったが、ついぞこのような「学部」は誕生せず、上智、早稲田など数校にその後独自の「新聞学科」が誕生した。モットは、1941 年にマクミラン社から『アメリカのジャーナリズム』という大冊のテキストを上梓、ごく簡単に「新聞学教育」についてふれている。第 3 版（1962 年）では、新聞学の学位をあたえる 38 の大学の学部にふれているが、第 2 次大戦の勝利のあとのジャーナリズムの全盛をむかえ毎年数大学で新聞学部が新設されていた時代である。ただアメリカは冷戦構造の世界に踏み入れつつある時期であり、国家と言論、朝鮮戦争での新聞の役割など、アメリカの世界政策から自由ではありえなかった。そのスタンスを背景に、GHQ の要請をうけた日本訪問であった。[8]

　ジャーナリストの多数はアメリカ軍の支援をえて直接、朝鮮戦争を取材しているし、捕虜の尋問にたずさわったコミュニケーション学者もいた。兵士として日本占領や朝鮮戦争で戦ったあと、除隊して学者になったものもいた。

　結局、日本の大学や学問としては、従来型の「新聞学」がまず再生されたのである。加えて、この学統とは別に、言語学など「対人コミュニケーション」の研究教育で独自の道をあゆんできた人間学部、人文学部

等に属する学者によって 1971 年「日本コミュニケーション学会」が設立されている。

5. 思想の科学と「コミュニケーション学」の定着

井口一郎は、雑誌『思想の科学』の編集長に着任していた。

かれは、第4号（1948年4月）から、強烈にこの「コミュニケーション」用語の定着をめざす。まず、波多野完治に論文「コミュニケイション総論」を執筆させる。また、「コミュニケイション講座」という連載ものを開始、その「開講の言葉」を渡辺慧が書く。

じつは、「講座」は主として、思想の科学研究会と毎日新聞とが共同で、毎月1回、10回の「コミュニケイション講座」をスタートさせたのだ。司会者が渡辺、第1回が波多野、第2回が城戸幡太郎、第3回以降も竹久千恵子への鶴見俊輔、鶴見和子、武谷三男、南博の4人によるインタビュー形式の講座、中村千世へ同じく4人のインタビュー、山本嘉次郎と当時の斯界の第1級の論者がつぎつぎと登場した。テーマや話題はことなるが、いずれも注目されていた論者と内容であった。これらを、活字におこして雑誌に掲載したのだ。

これらの講座以外にも、単独の論文、エッセイ、コラムでとりあげている主題は、新聞・映画・舞台といった「メディア」だけでなく、教育・言語・文体・イソタイプ・落語・浪花節・心理といった広義のコミュニケーション現象であった。いずれも、のちのち思想の科学研究会がもっとも得意とし、独断場にした「カルチュラル・スタディ」のプロトタイプである。井口は途中で編集長を交代するが、井口、鶴見俊輔にかぎらず、当時の思想の科学研究会やその周辺にいた研究者・ライターの共通したテーマでもあったことがわかる。

初期の思想の科学研究会の会員名簿（第1図　次頁）をみると、戦後の日本における「コミュニケーション学」の発展に枝葉をつけてゆく、多数の人物の名前を発見することができる。

ここでは、渡辺慧の文章から、「コミュニケイション」という用語を日本に運び込んだ問題意識と研究会の考え方から取り上げてみたい。渡

思想の科學研究会々員

有坂喪世　川口正秋　杉浦健一　花田清輝
阿部行蔵　川島武宜　陶晃弘　　服部紅江
朝野勉　　川島芳郎　瀬川行晴　咲奉一
阿部知二　嶋井孝　　瀬川清子　平館英太郎
青山秀夫　笠松啓　　園部三郎　平塚哲治
飯塚浩二　稲谷伊佐久　高原善敢　布留武郎
井村恒郎　加茂儀一　武谷三男　古野清人
石黒修　　高治昌三　竹内好　　伏見康治
伊藤猷　　清宮榮一　武田清子　福武直
石木新　　猿地謙一　田代正夫　富士川巌
岩淵悦太郎　城戸播太郎　大藤時彦　細入藤太郎
軌孝　　　大下順二　高木宏夫　堀内敬高
稲村耕進　桑原武夫　多田道太郎　具下信一
成田進　　日下和文夫　辻愼明　　丸山真男
五十嵐豊作　久野収　　都留重人　松木正夫
今村太平　江実　　　塚本哲人　宮原誠一
井口一郎　神野雄一郎　鶴見和子　三浦つとむ
市井三郎　甲田和衛　鶴見俊輔　南博
磯野誠一　小林英夫　土岐善麿　宮城音彌
幼方直吉　佐瀬仁　　中村元　　宮芝一
上田辰之助　斉藤静　　中村忠巳　水谷一雄
内山尚三　斉藤眞　　中野卓　　宮内寿雄
梅棹忠夫　斉藤道子　仁井田陞　柳田國男
大江精三　佐藤フク子　野間宏　　柳田泉正
鶉飼信成　清水幾太郎　林達夫　　望月朗
大久保忠利　新村猛　　羽仁五郎　依田新
小原敬士　領家連　　服部之總　渡辺慧
大川富明　潮見俊隆　中井正一　山田信魂
岡井太郎　清水博　　波多野完治　石村善助
大浜英子　志茹勝　　林間二　　土居光知

第1図 1950年の思想の科学会員名簿

辺のつぎの言葉は事態をよくあらわしている。

「コミュニケイションという英語をこの講座の名前にいたしましたことは、即ち日本語にちょうどそれに適切な言葉がないことを意味しております。日本語に適切な言葉がないということは、我々日本の社会にコミュニケイションという我々人間同志の間の働きの機能が不活発な状態にあるということだ」。

渡辺はさらに、この用語の意味が「行き交う」、「流通させる」、「意思の疎通」、「日常の会話」といいかえて、講座開催の目的としている。一連の思想の科学研究会会員の言説をよんでいると、井口によってもたらされた、コミュニケーションの用語、概念がまず思想の科学研究会のメンバーにつよい衝撃だったことがわかる。波多野、城戸、大久保忠利、

大藤時彦、三浦つとむ、大江精三、正岡容、望月衛といった論者がつぎつぎに、自己の学問分野の上に立って、コミュニケーションを論じたのは圧巻である。これらは、伝統的な「新聞学」のよく取り組む問題ではもはやなかった。これらの人物、テーマ、論理は今日のコミュニケーション研究の分野をすでに指し示している。

　日本における「コミュニケーション学」の成立の土台を築いてゆく人達が雑誌『思想の科学』によって結集されてゆく。「コミュニケーション」という用語、概念の日本定着とあいまって。

【注】

1) 田村紀雄『コミュニケーション』1999年、柏書房、所収の「コミュニケーションとは何か―概念の定義を変えてきた技術革新―」を参照されたい。
2) 井上吉次郎は論文「ジャーナリズムからマスコミへ」『関西大学新聞学研究』第15号、1965年10月のなかで、ジャーナリズムという用語が「マスコミ」にとり替わってゆく過程での困惑を吐露している。井上のように長年、ジャーナリズムという用語と概念の利用にいきてきた研究者にとって、マス・コミュニケーションという用語をうけいれるのには相当時間のかかることであった。しかし、清水幾太郎、南博、加藤秀俊ら、「古い新聞学」の影響と束縛をうけていない研究者はコミュニケーション学の吸収にそれほど時間はかからなかった。これは、研究機関についてもいえることで、伝統と業績の多い大学研究機関や学会ほど、そのスタンスと名称変更に長い道のりを要したのである。
3) 田村紀雄『エスニック・ジャーナリズム』2003年、柏書房、149ページでは、1942年1月3日の『ザ・サン』(バンクーバー)の記事を比較した。
4) 『上智大学新聞学科五十年の記録』16頁、1981年。
5) 同上241頁。
6) 川中の「新しい新聞学」がどういう領域なのかについてかれは、著書『現代コミュニケーション』(1971年、ヴェリタス出版社)その他で展開しているが、おしくも早逝された。この本は、上智大学の戦後の新聞学部構成や学会創設に大きな功績のあった川中康弘が米国のコミュニケーション学研究の現状を日本に紹介しながら、新聞学とコミュニケーション学の概念、領域や名称の互換性、の統一の困難さを吐露したものである。
7) 小野秀雄『新聞研究五十年』1971年、毎日新聞社、280頁。

8) アイオワ大学収蔵の「モット・ペーパー」のなかの未発表の自伝によれば、1945-46 年に GHQ のマッカーサー元帥の顧問として活動したとあり、GHQ の「日本民主化」の一環として、日本の新聞ジャーナリズムの「アメリカ化」になんらの疑問もなく貢献したものとおもわれる。しかし、すくなくとも、この点では、GHQ の期待はかならずしも成就しなかった。この GHQ への協力をもって、モットに特別の政治的イデオロギーがあったと考えるのは早計だろう。おおくのアメリカの知識人が「反ファッシズム」「民主主義」をかかげて戦争に参加していた時代である。早い話がアメリカ的な大学ジャーナリズム学部の育成は成功しなかった。

第六章

井口一郎による
「コミュニケーション」理論の
移植と定着

―1949年以降の出版活動を焦点に―

1. 本論の目的と範囲・科学と思想

　日本における「コミュニケーション学」研究の歴史において、その理論をはじめて日本の学問の世界に導入し、それをさまざまな専攻分野に影響を及ぼすうえで決定的な役割を果たしたのが井口一郎である。井口が雑誌『思想の科学』誌上で衝撃的な論文[1]を発表して以来、公刊した出版物を中心に井口の功績を分析し、あわせてその問題性もあきらかにしてきた。

　学問というものが科学と思想で成り立っていることはいうまでもなく、普遍的な広がりである科学と、それを担う人間（思想）の双方を課題にする必要がある。

　井口が戦後初めて執筆者として『思想の科学』誌に登場するのは第3号（1946年12月）の「ほんのうわさ」にオストロヴィチャノフの「社会主義経済発展の基本諸法」という米国で発行の季刊『科学と社会』誌に掲載された論文の紹介である。井口の投稿日が1946年9月24日ということは、かれが旧満洲でのソ連占領による生活から約1か年遅れて引き揚げてきてきたのが、1946年8月、その1か月後のことであった。帰国してすぐ定職もないため、かねて深い関係のあった鶴見俊輔を思想の科学研究会の事務所があった日比谷の市政会館を訪ねていた。1933年、井口は病をえて、新聞社を退社し「後藤新平伯伝記編纂委員会」に後藤新平伝のライターとして仕事をした。これらが縁で1936年にはオーストラリアで開催された世界新教育会議に日本代表で出席した鶴見祐輔の随員として参加している。鶴見家一族とはそれ以来の付き合いであった。

　ここ市政会館は後藤新平の東京市長時代に生まれた建物である。いうまでもなく鶴見俊輔の父・鶴見祐輔は後藤とは親戚関係にある。井口はここで、この論文の紹介を依頼されたのである。雑誌『思想の科学』との付き合いがはじまる。鶴見俊輔の主義で雑誌の編集や投稿にはかならず一定の賃料か稿料が支払われていた。鶴見家の背景がそれを可能にしたようだ。

　オストロビチャノフ（1892-1969）は、モスクワ大学の経済学部教授で、

ソ連経済の特徴として労働者階級とコルホーズ農民の支配をあげ、その結果土地の公有化がすすみ、絶対地代が消滅したとする理論は日本でも、その後論争になる。[2] だが、ソ連崩壊もあって彼の理論そのものは有効性を喪失するが、敗戦直後は、第2次世界大戦が、多大の犠牲を払いながらもソ連の圧勝もあって、日本はじめ各国でソ連社会主義体制への関心が高まった時期での論文である。

この雑誌論文は鶴見によって入手されていた。鶴見らの思想の科学研究会は日比谷市政会館に拠点があったというのがみそで、GHQ や CIE が日比谷近辺にあり、「英語好き」の知識人、日系二世、欧米の情報に飢えた学者らの集うエリアの一つであった。戦時下、対英米むけの「ラジオ・トウキョウ」にかかわった二世たちも NHK その他に出入りしていたし、戦後は英語の巧みな日本人が多数、米占領軍のもとに CIS（民間諜報部）、CCD（民間検閲局）等の諸機関に雇用され、投入されて、メディアから私信にいたるまで各種の情報を検閲していた。[3] また、全国各地の占領軍の駐屯地でも多数の日本人、欧米からの帰国者、留学経験者がすでに、日本進駐前に、米軍により予めリストアップされていて、進駐後すぐ動員されていた。

ことに 1945 年 11 月に CIE（民間情報教育局）図書館が市政会館近くに開設されてから、英語を通じて米国の最新事情にアクセスできるとあって、知識層をつよく惹きつけた。日本が 10 数年にわたって、海外ことに米英と断絶して以来、世界の情報、ことにアカデミズムの情報は途絶えていたし、書籍・メディアも入手は困難であった。敗戦により、図書購入が仮に可能になったとはいえ、大学、研究機関、個人も財政的にも簡単ではなかったから、自然 CIE 図書館に足が向いた。ここを利用した人たちは口をそろえて「クーラーが効いていて、コーラも飲めた」と振り返る。

井口は戦前、鶴見祐輔、後藤新平らとともに俊輔と知己のあったことが幸いした。上智大学講師と建国大学教授との間の「浪人」期に空白を埋めに在籍したのが「太平洋協会」であるが、これも鶴見祐輔のダミー出版社で統制・配給制の用紙を海軍とのコネで入手して出版活動をしていた。出版内容は『太平洋地政学』など時流にのったもので、日本の「大

111

東亜共栄圏」を下敷きにしたものばかりで、海軍の下心がうつしだされている。井口は生まれたばかりの『思想の科学』誌、その発行母体となった先駆社なるものもその流れでこちらは鶴見俊輔のダミー出版社である。思想の科学研究会も財団法人の資格を文部省から得て、それなりの信用と力量が当時保障されることになった。この法人資格の獲得は意味のあることであった。

2. 1945年、思想の科学研究会の社団法人化

特筆すべきことは戦後になっても、印刷用紙は統制対象のままで配給制であった。その配給には GHQ の影響がおよんでいたからである。配給の権利を他のメディアに売却して利益を得ていた中国系の日刊新聞さえあった。

社団法人資格の認可は文部省が掌握しており、後藤新平のコントロール下にあった市政会館に事務所があることは好都合な環境であった。戦後、日本に進駐した GHQ による日本の資産の差し押さえや接収が実施される脈絡が影をおとしている。その戦後処理の一環として、政府出資の企業、事業、財団等も手が付けられた。また法人資格に必要な財産は後藤新平らの関係する財団等の戦後の清算・整理作業のなかで付け替えられた団体・業務のひとつと考えられる。思想の科学研究会が新しい公益法人の法律により 2010 年代に解散しその設立時の基本財産 10 万円は国庫に納められたが、その当代の貨幣価値は計算の仕方では 2 億円にもなると考えられる。これだけの金銭が急ぎつけかえることが可能にした背景には戦後の悪性インフレ対策として政府が実行した「新円切替え」があったと考えられる。多数の機関が付け替えや不動産投資を図った。以上は筆者の仮説であるから、今後他の研究者により追究・実証されることが期待される。[4]

井口は鶴見俊輔に招かれて、さっそく『思想の科学』の専従編集者につくが、その作業で市政会館に通勤するなか、CIE 図書館の活用がはじまる。『思想の科学』誌には第 5 号（1947 年 10 月）から編集責任者として奥付に明記されている。その間、雑誌は鶴見和子、俊輔姉弟、武田清

112

子、丸山真男、渡辺慧らにより、日本への紹介の途絶えていた欧米の思想家、哲学者、社会学者の紹介が精力的におこなわれている。デューイ、ラスキ、ニーバー、マンフォード、モリス、カルナップとじつに多彩であった。

この一連の流れのなかで、井口は「シーアンの"国際政治論"」という長文の書評を寄稿した。[5] シーアン（1899-1975）は、自身ドイツ、バヴァリアから米国への移民の子孫で、ドイツ語、ドイツ哲学をまなび大学卒業後、記者として欧州に派遣されている。戦時には空軍の情報士官に任ぜられて国際紛争やその処理を眼のあたりにし、記事も書いた。そのあたり小野秀雄のもと新聞記者から満洲・建国大学に着任、敗戦でソ連の侵攻、中国内戦を身をもって触れた井口のそれまでの人生となんとなく重なる。この書との接触はその後の井口に意味をもたらす。

シーアンの書 "This House against This House" は 416 ページもの大著であり、帰国後 1 か月間という短期間に読みこなして書評の書ける井口の英独の語学力を鶴見俊輔が褒めちぎる。語学力にもまして、シーアンが同じジャーナリスト出身の国際政治観察者としてかれの琴線にふれる内容であったろう。シーアンが本書で焦点をあてたのは国際連合の発足にともなう国家グループ間の対立、駆け引き、合意等のプロセスだが、それは新しい学問分野として「国際関係」論創出の伏線でもあった。シーアンの著書の特徴は政治の成立にキーパーソンである個人史の重視で、本書でも大戦終了後の西園寺の役割を重視している。また、国際平和を追求してゆくうえで、鍵になる国家、あるいはその国家群の成立の史的課題と地理的条件というかっての地政学的な視点も持ちあわせるものでもあった。主要な論点はいうまでもなく、戦後登場するソ連（「ソ同盟」という呼称がなされていた）と欧米、ことに戦時におおきな傷を負わなかったアメリカとの綱引きであった。

シーアンの論文で井口をとらえた論点のひとつは日本の問題であった。井口はつぎのように引用している。

「原子爆弾の使用が、実質的の終戦であって、日本政府が、これを契機として、国民に対して終戦判断を告げることができたと指摘している。がしかし、原子爆弾が日本人の意識にどんな作用を与えたかということ

は、今後、検討される問題であるといっている」。[6]

広島に原爆が投下されて2年後の論旨である。

「国際関係」論は国と国、地域と地域、政治家と政治家の「関係」の分析でもあり、井口にかぎらず「地政学」を研究方法としてきた「地政学者」の恰好な「転向」先でもあった。もともと、第2次大戦の反省から地政学（Geopolitics）がドイツ・ナチスの指導部の一員でもあったカール・ハウスホーファーの世界戦略の色彩が濃かったため、各国とも国際政治の在り方に深い反省がすすみ、新しい国際政治考究の方法として国際関係論（International Relations）が注目されるようになったが、ここでも思想の科学研究会が果たした役割は大きい。[7]

いうまでもなく、井口は戦前「太平洋協会」調査局につとめ『地政動態論—現代地政学の諸問題—』（1943年、帝国書院）という大著を著わしている。時代といい、書名といい、内容といい、さすがこの地政学の書籍は著者自身、その後絶版にした。しかし、その膨大な井口の知識量、情報量は後にかれが大学で「国際関係論」の講義を非常勤で担当することになるとテキスト『国際関係動態論—国際政治の動きとその本質的な諸問題—』（1956年、恒星社厚生閣）として生まれ変わっている。

問題は国際関係論という学問が国と国の関係（リレーション）を論ずるという場面から、これがもっと複雑なコミュニケーションの側面をもっているということである。

井口のコミュニケーション論の形成の背景には、かれの経歴である新聞記者、東京帝国大学新聞研究室助手、太平洋協会研究員、建国大学教授時代、そして複線的な『思想の科学』編集者としての最新刊の米国産の文献類との接触の機会というコンテクストのなかで検討する必要がある。

3. 「文理両道」の概念「コミュニケーション」の登場

コミュニケーションの用語は『思想の科学』の第6号で「突然」あらわれる。というのは、本号に鶴見俊輔の「モリスの記号論体系」、井口の「コミュニケイション序説[8]」の二つの論文が掲載されるが、この2

本の論文の脈絡空間は密接に関係しあっており、二人は雑誌の事実上の
オーナーである鶴見と編集長井口が十分検討しあったうえで決定した企
画であるからだ。

　鶴見和子・俊輔の二人は日米間で実施された「抑留者交換」のための
国際赤十字社[9]によってチャーターされたスウェーデン船「グリプス
フォルム」号経由で帰国していた。南博は遅れて戦後帰国して思想の科
学研究会に合流、その初期の寄稿が巻頭の「記号、象徴、言語―動物心
理学的考察―」である。これらの学問分野を担った鶴見姉弟、南らがア
メリカの東部の大学から帰国したことには意味がある。東部の諸大学に
は戦前・戦時、ユダヤ系の学者やウィーン学派の研究者が多数、亡命等
で移民・移住したが、受け入れた諸大学にはコミュニケーション学の芽
生える環境が生まれていたのである[10]。

　1910 年代のシカゴ大学を中心とした社会学がおりからの移民・工業
の勃興による都市化で生活やビジネスのなかでの装置（urban setting）と
しての媒体を拾い出し、エコロジー的アプローチ（人間生態学）として
体系化した[11]。1970 年代にはベトナム戦争に反対するこんどは西部の
大学等における運動のなかで芽生えたオルタナティブ・メディア論やサ
ブ・カルチュア論がコミュニケーション学に肉付けされるが、これは本
論の課題外である。

　これらの井口、鶴見、南らの論文は日本でこれまであまり馴染みのな
いアプローチ方法で、「社会的 symbol 行動」として「広く個体間の sign
これを通信 communication の面から考えて見なければならない。ここ
に通信というのは二つの個体間で、ひとつの個体の作る sign が、他の
個体にとっても同じ意味をもつような状況をさす」と説明している。南
はこの「状況」を、動物、人間、無機物にも充当しており、はじめて「コ
ミュニケーション」という用語が学問上の操作概念として活字になった
わけである。

　『思想の科学』の同じ号に鶴見俊輔の論文「モリスの記号論体系」、そ
して井口の「コミュニケイション序説―ラスウエルの方法論について―」
が掲載される。[12]論文の柱は井口のラスウェルの紹介という日本の学
問の転換を担うものだが、南、鶴見もふくめた雑誌の狙いを 3 人で検討

のうえ企画・編集されたことを示している。

　井口の記念碑的な論文「コミュニケイション序説」を理解するには、鶴見のモリス紹介論文の出現をぬきには考えられない。モリスはシカゴ大学でG.H. ミードの指導をうけながら記号論を体系化し、1946 年『記号、言語、行動』[13] を世に問うが、ここで展開された理論や、用いられた諸用具、概念はコミュニケーション学を完成させてゆく上で不可欠なものであった。言語、意味、記号、シンボル、シグナル、記号乗り物、刺激、プラグマティクス（「行い論」と訳している）、指示内容等々の操作用具の案出と体系化はコミュニケーション理解に不可欠である。

　従来の新聞学（ジャーナリズム論）が掘り下げてきた「言論・表現の自由」といういうフェーズの異質な問題と、世論・効果・内容分析という戦後にコミュニケーション学が開いた数量的研究の間を埋めてゆく記号論理学的な研究法が始まったのである。

　「文理両道」の理論であるが、人間と動物との違いは「記号によって得た運動分泌反応性向を、性向のまま形において長く貯蔵することができる」とした。「コミュニケイション」という用語と概念は特別のちからをもって日本に受け入れられた。はやくも毎日新聞は 1942 年「コミュニケイション」の意味を広く紹介し、NHK ラジオは文化講座でその学問的な貢献を解説し、井口も機会あるごとに喧伝した。この毎日新聞社主催の講座の開催に力を貸したのが、当時学芸部長をしていた城戸又一だと、黒川創から教えられた。城戸は言うまでもなくその後、東大新聞研究所長、同志社新聞学科の教授を歴任しており、日本新聞学会の指導者のひとりでもあった。

　この講座、歴史的な意味のあるものではあったが、主催者は苦労したようだ。鶴見俊輔は「毎日新聞の社員講堂をかりてコミュニケーション講座を開催したけれども『入り』がよくなかった」[14] と述べている。

　1949 年、生まれたばかりの電気通信省（ミニストリー・オブ・テレコミュニケーション）の依頼で書き下ろした井口一郎著『コミュニケイションの科学』（通信科学叢書第 1 巻、大洋図書）の序文では「新しい科学である。現に組み立てられつつある科学である」と、その背景をメディアの技術革新にみた[15]。舞台、活字、テレビの出現を示す。井口はこの期間

(1949 年 11 月から 1955 年 2 月)、同省に勤務している。[16]

　これらの海外文献の紹介論文は用語法といい、操作概念といい、キーワードといい、日本の社会・人文の学問分野に一定の衝撃をあたえた。数年のうちに井村恒郎「大脳と言語について」、波多野完治「コミュニケイション」、川島武宜「法社会学と言語」、井村恒郎「大脳と言語について」等、コミュニケーションに係る論文が『思想の科学』に現れるようになる。ジャーナリズムの分野でも、鶴見俊輔が哲学を「一般人」がどのように受け止めているのか、という受け手の意識を調査することを試みている。受け手の反応という「輿論調査」は存在したが、思想として踏み込んだのである。

4.　コミュニケーション学の普及と教育

　井口はこの井村論文に係る質疑を伴う研究会を編集者として組織するなど、指導的な役割を演じている。井口はこの流れのなかで、画期的な論文「新聞学えの新しい構想」[17] を発表した。「日本新聞学会」設立が検討されるのは、それから 3 年後の 1951 年 6 月 [18] であり、新聞学の名称を冠する大学も東京大学新聞研究所、上智大学新聞学科など、両指で数えられるほどであった。「新聞学」は、小野秀雄が長年かけて確立した新聞紙そのものや新聞社、新聞人の史的考究だけでなく、戸坂潤、香内三郎、ジンメル、ロバート・パークその他の学者が言及している社会学的、哲学的等考究の対象ではあったが、すでに印刷物としての「新聞紙」研究という範疇をこえていることは確かであった。[19]

　日本新聞学会は大学で新聞学・ジャーナリズム論を講じる主としてジャーナリスト出身の研究者と日本新聞協会、これに加盟している大手日刊新聞社のジャーナリスト等が創立に参加し役員を務めており伝統的な「新聞学」の研究にウエイトをおいていたため、コミュニケーション、メディア、マスコミュニケーションといったテーマが現れるにはしばらく時間を要した。

　学会が 1951 年に成立したことには、この年代に特別の重みがある。日本のジャーナリズムは長いあいだファッシズムの支配下、その言論

の自由を奪われてきた。戦後も GHQ によるプレスコードの強圧、政令
325 号やレッド・パージの圧力は日本の新聞人を委縮させてきた。日米
平和条約が 1952 年 4 月発効し、この政令がその 1 か月後に廃止になる
という時期であった。

　しかし、くしくも学会創設の 1951 年、井口は光文社から『マス・コミュ
ニケイション』という著作を公刊、これを学会誌『新聞学評論』創刊号
には生田正輝がさっそく書評を寄稿している。生田は、本書を丁寧に紹
介し、米国でもそれほど歴史のふるい学問でないが、これをいち早く日
本に全体像を紹介していることに敬意を表している。また、井口のこの
分野の学問への蘊蓄の深さに「新しい科学の確立への意欲と努力」を評
価している。

　なお、『新聞学評論』創刊号には、当代を代表する学者多数が寄稿し
ているが、その中で、日高六郎、内野茂樹、新田宇一郎らの論文には従
来の研究業績のなかにコミュニケーション学を位置づけようという言及
がみられる。ことに生田の独立した論文「新聞の自由に関する一考察」
には井口の理論の影響が色濃く、その後の新聞学会の研究動向に大変プ
ラスになったと考える。

　だが、井口は大学でのポストもふくめ、その後も日本のアカデミズム
としてのコミュニケーション学の本流に入ることはなかった。新聞学の
講座や講義の開設されていた上智大学、明治大学、関西大学、電気通信
大学等で非常勤講師として働くが、専任教員のポストに就く機会はな
かった。これは、井口個人にとっても、日本のコミュニケーション学に
とっても損失であった。

　井口は電気通信省に勤務し、さきの『コミュニケイションの科学』を
上梓したが、1955 年 2 月にはここを辞している。同省の機構変更のた
めと考えられる。なお、この間（1951 年 1 月→同 3 月）、国立国語研究所
の研究員として勤めている。いずれにせよ安定した職業に就く機会がな
かった。井口は電気通信省を辞したときすでに 55 歳、かれが師と仰ぐ
小野秀雄も 70 歳、機会は薄かった。

　日本新聞学会が、先述したように「言論の自由」論議の重みをもつ時
期背景に伝統的な新聞学講座のある大学の指導的教員や新聞協会のよう

118

な当時の新聞業界の主導で成立したという事情と、井口が「満洲国立建国大学」教授であったというキャリアなどが一つの要因であったろう。

さらに付け加えれば、地政学者としての戦時下1941年から1942年にかけての行動である。

日本地政学協会が1941年11月10日に法人として設立されるが、その創立宣言「地政学を究め国防科学体系の樹立」とあるように、会長に上田良武・現役海軍中将、3人の理事の筆頭に井口が座った。その1か月後に真珠湾攻撃が始まったのである。

日本地政学協会はその雑誌『地政学』で、香港島、ポートモリスビーなど日本軍の占領地や攻撃地の特集を始める。井口は毎号のように長文の連載を執筆して軍のプロパガンダに色をそえる。これらの戦争協力姿勢を知識人や大学関係者は記憶していたのである。これらは、今日、消すことのできない歴史的な事実であった。

「コミュニケイション」という用語をまず広める作業を井口や思想の科学研究会は始めた。この底流には雑誌『思想の科学』の存在を喧伝しようという事業目的と、思想の科学という用語そのものがコミュニケーションそのものであったという同人たちの思惑があった。そのために前述のような毎日新聞と組んでの「コミュニケイション講座」が開催する。

この講座、聴衆集めには大変な努力を要したと鶴見俊輔は述べているように[20]、興行的に成功したかどうかは解らないが、すくなくともこの講座に登場したり、関与した研究者によりコミュニケーションの用語、概念、周辺思想が疑いなく拡張した記念碑的な行事であった。日本で最初の「コミュニケーション」に関する10回におよぶ歴史的な講座を企画、主宰した渡辺慧は開講時、つぎのように述べている。[21]

「コミュニケイションとは何かという問に対して、この英語に、日本語の適切な言葉がない」。

やさしく言えば「行き交う」と「流通させる」で、「意思の疎通」や、「思想を統制」させるなど広い意味をしめしている。的確な理解である。また講演、新聞、雑誌、書籍から言葉、映画、芝居、ラジオ、テレヴィなど今日メディアとされているものまで含み、言葉、動作、記号、象徴等の関連する概念など井口、鶴見、渡辺らは、その後のコミュニケーショ

119

ン学者の理解と同程度の知識をすでに所有していたことを教えている。

この講座では、波多野完治、城戸播太郎ほか、戦後の新進の研究者が登場、その講義概要は雑誌『思想の科学』に掲載されるが、以降、論者たちは隣接・周辺の学問分野に、その理論を広げてゆく。

井口論文は新聞の「公示性」ということの本質から「広義の新聞学」の出現が「ラジオ、映画、演劇のような公示性をもつ一切をふくめての公示学の体系」の研究への道を開いたとして、今日でいうメディア史へ目を向けることを求めた。その鍵となる理論家として「ラスウエル一派」の業績をあげ、メディア全般に貫通する「コミュニケイション科学」をあげる。

さらに研究の方向として「新聞自由と民主性」「大衆的新聞の自由」「二律背反性の問題」「企業合同問題」「独占化の問題」など当時、米国の新聞業界が直面している問題に踏み込んだ。

井口がこのような見地に達したことについて、1949 年に上梓した『コミュニケイションの科学』[22] の序文で次のように述懐している。

「私は久しい間、東大の新聞研究室の研究員として新聞を研究し、同時に上智大学で新聞や通信に関する講義を受持った。戦時中は建大教授として満州に在住し、終戦後、帰国した。帰国後、アメリカ新聞学の新傾向として、コミュニケイション科学が重要視せられていることを知り、遅ればせながら研究に着手した。新聞学も、コミュニケイションという側面から解するときに、理解しやすい部門のあることに気が付いた」

「新聞学」の名称によるジャーナリズム研究は小野秀雄らの努力で戦前から存在した。また戦後は GHQ の方針で主として「記者教育」の改革をめざして、上智大学、日本大学など戦前から新聞学科をもつ大学や新聞業界団体である日本新聞協会との協力で学会設立や各大学での講座新設の胎動はみられていた。この戦後すぐの「新聞学」は新聞記者養成だけの単純なものではなかったが、井口のラスウェル紹介、思想の科学研究会による記号論等の関連研究の紹介によるマス・コミュニケーション研究をふくむコミュニケーション研究とはすれ違っていた。井口は「通信の流れ」と表現して、まだ日本語に馴染まない（そしてついに日本語訳ができなかった）「コミュニケーション」学を普及させるべく全力を傾け

120

たとのべている。

　本書は大きくわけて2部からなる。

　第1部では「コミュニケイション科学の意義」として、通信・通話、記号・信号、伝達の回路、大衆伝達（放送、新聞、フィルム、ポスター、書籍、儀式、建築物など今日、われわれがメディアとよんでいるすべてに言及している。

　とくに「大衆伝達」（今日マスメディアとよばれているもの）の性格を米国の学者の性格付けにならって①民主運動、②技術的・工業的変革、③都市化を要因としている。その結果、宣伝、外交、教育、儀礼への採用、反対に公共伝達統制の基準が問題化する。これは、井口がかつて東京帝大新聞研で研究したテーマであり、建国大学に着任して「満州国」での弘報業務で実践したいと考えたテーマである。

　井口は米国の研究実績として①ラスウェルの「精神病理と政治学」[23]にみられる社会的エリートの腐敗などの病理、②ロステン博士の新聞記者・通信記者の問題性の研究[24]、③B.R.スミス教授による宣伝家の研究その他をまとめて、当今の時点「チャンネル（伝達回線と表現）の研究」「伝達内容の分析」に研究が集中しているとした。

　そのチャンネルについて、この時点で新聞とラジオ、映画をあげている。まだテレビは一般化していない時期だ。[25]

　いずれにせよ、本書はコミュニケーション学の入門テキストとして21世紀になっても充分通用する内容である。メディアが技術革新、資本主義、都市化、国際化に左右され、かつまた政府の関与（集中化の排除等）、表現の自由、世論その他に言及している。ラスウェルにかぎらず、当時の米国の水準、研究、FCCなどの「コミュニケイション政策」と諸文献に眼を通しているのには驚嘆する。ことにFCC（連邦通信委員会）の政策・諸規制に通じているのは、時あたかも電気通信省によるラジオ放送の民間開放が議論されている事情であろう。無線電信、さらには放送に関連する発信局の諸業務は国家が独占していたが、戦後、GHQの要求のもとに、その技術革新、産業、社会の変化は民間への開放が不可避であった。電気通信省そのものは郵政省や現業公社等への改組改編で、3年間という短命であったが、井口らを通じてFCCなど米国の事情に

精通する必要に迫られていた。ここから井口が電気通信省、電気通信大学の仕事の一部を引き受けることになる。

5.「コミュニケーション政策」への含意

国家がコミュニケーション分野に口を挿むということは、この分野の学問を確立するということだけではない。統制と直結しないまでも政策としての思惑が底流にあるということである。基本的人権たる「言論・表現の自由」と、社会からの要請による秩序という二律背反にみえる、コミュニケーション政策をめぐる議論はすべての国に存在した。FCCの成立にみられる米国の法制化はひとつの決着であった。

日本の研究者のなかには、言論、表現、伝達の分野で「政策」として論ずることをタブー視する傾向が強かった背景としては、これらが主として「新聞学」「ジャーナリズム」の分野の論者から出発し、かれらの多くが敗戦前から治安維持法等の言論規制法規に苦しんできたという経過があった。

記事の事前・事後検閲、発行禁止などの弾圧に至らないまでも、新聞の統廃合、新聞用紙の配給制、記者の応召などにがい体験が身体にしみていた。したがって、コミュニケーション政策が研究者の間で本格的に議題にあがるのは、テレビを中心とするメディア環境が激変する1970年代以降になってからである。ただ井口にはドイツの地政学や新聞政策の影響がつよく、戦前の日本国内での「1県1紙」政策にみられる新聞統合の措置に対する反省・批判があまり見られず、満洲での建国大学における担当講義「弘報」論が、満洲国内での新聞統制に与していたという点は十分解明されていない。

井口は1949年の著書『コミュニケイションの科学』の序文で早くもつぎのように述べている。

1941年になり、テレビの実用化で百万単位の視聴者に情報が届くようになり、これが「大衆通信の世紀」である。井口が「大衆通信」としたのは「マス・コミュニケーション」の不慣れな日本語訳であった。海外の先端研究を日本国内に紹介しようとする先駆的な研究者誰しもが負

うリスクの一つである。「新しい伝達の機具の出現によって、伝達、通信の自由が障碍されぬよう、大衆通信の流れが、滞りなく流通されて、大衆の生活に役立てられねばならぬ」

井口は東大新聞研究室、上智大学、建国大学での研究・教育を歴任し、戦後米国の「新聞学の新傾向」に接し、「コミュニケーション科学」の存在を知ったと記している。この科学は、大きな将来性をもち、この職場にいる人たちへ、この新しい学問を考えるように、とこの書を著わしたとのべている。

本書の内容はまさしく「コミュニケーション」を包括するもので、次のような章立てからなる。

第一に、技術革新にともなう、あたらしい媒体の出現による社会へのインパクトに政府がどのように対応するかである。一例としてFM放送の出現をあげている。放送局の集中化を防ぐ集中排除法が当然、国家のレベルで課題にあがってくる。

また政府の対外伝達事業（今日では行政広報とよばれる分野）、記者会見、「談話の世界」、それに伴う情報源、宣伝問題、政府が関与する根拠と範囲など。

第二に、「伝達反応」の分析、世論調査の科学的側面、内容分析、表示分析等の分析法等、今日でも先端的な研究に言及している。個々のアイテムは文章が短く、いずれもその後、一つ一つが一冊の文献として検討がなされているが、1949年の時点で、これらを井口が網羅する資料をフォローしていたことは、驚異である。こんにち復刻しても、時代を研究するテキストに十分なりうるものである。

第三にコミュニケーションの効果研究への言及である。こう述べている。「今日及び将来へのコミュニケイション科学は、統制が伝達の内容に及ぼす影響よりも、むしろ伝達の内容が大衆へ伝達せられた場合の衡力を評価することに重点を設定する」。

これはあきらかにラジオ放送へのFCCの電波の配分をつうじたコントロールの正当性を述べている。ここから「反応測定」にひろがる。その先駆者としてV.L.パリントン、T.ハミルトンらをあげる。かれらは、主としてキリスト教会における「説教」を主題にどれだけ説得的であっ

たかを牧師たちの 1929 年から 1940 年にかけての雑誌掲載文の分析から引き出そうとした。

　このような分析方法はついぞ日本の国内のコミュニケーション研究では見られなかった。この「説得」(Persuasion) という視点を井口ははじめて紹介しているが、これはその後日本ではハラルド・ラスウェル、ダニエル・ラーナー、バーナード・ベレルソンらの著作の紹介があってコンテント・アナリシスとして定着するものである。「内容分析」(コンテントアナリシス) として、戦後の日本の学会を風靡する。この研究に従事した研究者等によって日本社会心理学会の成立に結実する。

　井口はこの紹介のなかで、記号、シムボル、「表示分析」、効果測定、「測定の手続」、「データ蒐集」、輿論、質問調査、「見本のもつ代表性」等の戦後のコミュニケーション研究の深化に不可欠となるテクニカルタームの紹介と記述をおこなっている。その後の日本の社会学や社会心理学でおおきな比重をしめる研究分野を 1949 年の段階で理解していたのである。雑誌『思想の科学』や思想の科学研究会が当初からちからを入れて紹介、もしくは研究のテーマである記号論、意味論が講壇アカデミズムとは別の空間で研究者を養成し、環境整備に貢献してきたことは重要である。

　本書が 70 余年を経た今日読んでも新鮮さを失っていないのは、米国FCC の役割を日本で担うはずの政府から独立した通信委員会がまだ存在していないためであろうか。

　この『コミュニケイションの科学』のなかの「第 2 部コミュニケイション政策のアメリカ的形態―FCC（連邦通信委員会）のラジオ対策―」が、日本の電気通信省発足にあたり本書の真の狙いを要約している。電信・電話等の発達が「公共の利益」に重大な影響を与えており「コミュニケイション政策は大衆伝達に対する政府の採用する手段である」として、政府による通信メディアの開放支援、規制、政府自身の利用等を提示している。

　ことに、現「コミュニケイション帝国」といわれるビッグビジネス、将来的に出現するであろう「帝国の独占形態」への規制問題である。米国での一例としてラジオ・新聞のシンジケート「ガネット」社への

FCCの戦いである。勿論日本では、私企業としてこのようなメディア・コングロマリットはまだ存在していなかったが、ラジオ放送の民間への開放は目前に迫っていた。

本書の公刊と同じ1949年、電波三法が公布され、電波監理委員会が設置され、放送用の電波の諸規則が完成、1年後の民間放送（ラジオ放送の私企業開放）等が立て続けに実現する。本書のわずか13％余・26ページのコミュニケーション政策論議は、まさにこのための理論武装を政府に提供したのであり、井口が建国大学以来の政府のイデオローグとしての残渣をのこしていることになる。

6. 文筆業としてアカデミズムへの逆照射

井口は1951年から1955年にかけて、いくつかの研究所の非常勤研究員や大学の非常勤講師をかけもちしている。国立国語研究所、関西大学、専修大学、電気通信大学、神奈川大学、明治大学、上智大学などで、主に「コミュニケイション」関連の講義で、光文社版のはじめての商業出版の反響のあらわれであろう。これだけでも、井口の「コミュニケーション学」の日本への「輸入」の効果であったといえる。

同時に、国立国語研究所での仕事とあいまって、多数の通俗的な書物や講演もこなしている。教育弘報社から新聞学習プラン・シリーズ『マスコミュニケイションの魔術から子どもを解放しよう』などの学習書の企画・発行である。

思想の科学研究会の「8番目の同人」である市井三郎は、その「文理両道」を地でゆく科学観に基づきA.J.エイヤーほかの『コミュニケーション』（原著は1955年）の翻訳・日本紹介を主導している。英国留学中に接した名著である。同名の訳書（1957年、みすず書房）で「コミュニケーションの博物学ともいうべき言語と記号の研究者」（はしがき）と医学、生物学、芸術等の研究者による一大集成の著書であった。

一方、井口はこの5、6年間、文筆、講演、授業等でかなり多忙であったようだ。生活のため多忙を余儀なくされたといった方がよいだろう。大学の時間講師そのものが、いくつも掛け持ちしなければならないとす

125

れば、もともと頑丈でない肉体にもそれなりに負担をかける。大学人がその後のアメリカ等のコミュニケーション学の成果を吸収しているとき、「一休み」せざるをえなかったことは本人にとっても学問にとっても残念な時期であった。

そのためか、井口はもう一つの蘊蓄である「国際政治」をひも解く。「冷戦」の激化の時期だ。国際政治にかんするいくつかの著述が残っている。

コミュニケーション学の分野では、明治大学、関西大学、電気通信大学での非常勤講師の仕事に関連して授業テキスト『政治的コミュニケーションの史的基礎』(1965年、三和書房)がある。古代ギリシャにはじまり、中世の旅芸人や書簡によるコミュニケーション手段、印刷術の登場、新聞、米国での発展、ソ連の現状と、25章に区分けしての記述は授業プログラムにあわせている。

内容的には、井口の博識ぶりをしめしているが、教材として活用可能な検索文献等のフォローは、勤務先の大学図書館等でえたものであろう。なかなかの博覧強記であるが、学問としてあたらしい提案や問題を示したわけでは無い。

問題はむしろ井口の学問への立脚点である。

本書の「はしがき」で述べている。「大学でマス・コミュニケーション論（弘報論あるいは衆報学）の講義を担当しているが、この学問は①概論、②回路の歴史、③弘報にかんする機構（人と事業）、政策と法制にわけることができる」

「弘報論あるいは衆報学」というのは、明大政経学部の講義題目で、南原繁の教示で「衆報学」にしたとある。「衆民報道」の略でデモクラシーは「衆民政」で、「政治学的立場」からの井口の学問に沿う用語だとしている。井口のいう「政治的立場」は「為政」の立場であることは、終生かわらない。前後して上梓した『コミュニケーション発達史研究』も同様である。

その典型的な立場が「言論・表現の自由」の問題についてである。かれが後年蘊蓄をかたむけて編纂したこの『コミュニケーション発達史研究』(1968年、慶応通信) に引き継がれている。編纂したのはその古今東西にわたる資料・文献へのすさまじいまでの渉猟である。したがって、

それらの資料・文献の位置づけ、解読にはいたっていない。将来を期したかもしれない。井口55歳、簡単な作業ではもはや無かったかもしれない。

この著書で無数の文献、文書、歴史的叙述が引用されているが、易経のつぎの文例を紹介してみたい。「百官以治、萬民以察」。支配する側の視点である。『政治的コミュニケーションの史的基礎』ではアメリカ、ソ連、ヨーロッパでの新聞の自由に1章ずつ割いている。ソ連は独自の言論観を主張しているからである。前後して米国でもF.S.シーバートらが『マス・コミの自由に関する四理論』（1956年イリノイ大学出版会。日本では内川芳美による翻訳、1959年がある）が生まれた時期である。社会主義体制が現出したことにより「言論・表現の自由」の論議は複雑になった。しかし、「言論・表現の自由」の理解は4理論があるということに整理されただけで、この問題は各国ともこれ以上、深まったとはおもえない。もっとも大切なことは「言論・表現の自由」が人間個人に帰属する「基本的人権」のひとつであることが再確認されず、現に言論・表現の機関（メディア）を独占する官公や、商業的ビジネスによって、これらが「報道の自由」「取材の自由」のように捻じ曲げられたままでおわったからである。

だが、井口、コミュニケーションに関する論文、解説、テキスト類にはその後も手を染める。例えば、後述の清水幾太郎編纂の『マス・コミュニケーション講座』（1955年、河出書房）にも、まとまったテキストを寄稿している。清水らは井口と制度的アカデミズムのサークルの場では議論をともにすることは少なかったが、井口の論稿等にはみな目を通していた。

7. 無尽蔵の鉱脈、未知の水脈

井口は高年になるなかで、豊富な知識、情報、知見にもとずくコミュニケーションのコスモス、世界史、人類史を手掛けようとした。これは、ひとりの人間として成しえるものでもない。指導的なパイオニアが存在し、制度的アカデミズム、それも後継者の養成や研究者のコミュニティ

が機能して初めて可能なのである。すぐれた識見をもちながら、後継者を得ることができなかったばかりに、充分な生産物を産出しえなかったH.D. ラスウェルを彷彿させる。

　井口の業績研究で解明すべき課題はいくつかのこっている。

　第1にはコミュニケーションのコスモス、人類史を描こうとした壮大なプランは未達成であったこと。清水幾太郎、城戸又一、南博、日高六郎らが編者となって企画された戦後最初の『マス・コミュニケーション講座』（1955 年、河出書房）全6巻の第1巻には「マス・コミュニケーションの文化史」という一章を寄稿して協力した。編者の清水幾太郎も独自の研究者のグループを形成していたが、その立場が井口の仕事に眼をとおすことにもなる。[26]

　第2には、井口の「言論思想」である。かれが必ずしも十分踏み込めなかった鉱脈に「言論・表現の自由」に関する第2次大戦後の研究成果がある。東京帝国大学での新人会のサークルから、東大新聞研究室での研究「フリードリヒ大王の新聞政策」（1938 年）への「転向」以降、全体主義政権の新聞政策に関心を移した。「弘報」研究もその一環であった。[27] その思想的変遷については、まだ十分に踏み込んでいない。

　第3に、戦後井口らによって持ち込まれた「コミュニケーションの科学」にいたる戦前の日本の研究者たちの仕事との接木である。なかんずく、権田保之助ら大原社研の社会調査のグループ、戦後にまで連なる「交通労働論」「精神的労働論」「労働過程論」をひも解き始めたばかりの山田宗睦ら哲学者の仕事との関連である。これらの仕事は、国際的な社会主義政治の瓦解にともなう、結束の緩みとともに中途半端に終わった感がつよい。これら一連の「交通労働論」については、コミュニケーションを情報・記号等の通信、財貨・人間の通行、人間そのものの再生産につながる性行為を意味する通婚の三者を一体に認識する Verkehr を論じた山崎カオルの最近の論文「クラウゼヴィッツと政治的交通という概念」（『コミュニケーション科学』# 51 号、2020 年）を、注25 の田村の「チャネル論序説」の中の「労働過程論」とともに、紹介しておきたい。

【注】

1)『思想の科学』3 号、1946 年 12 月、173 頁。

2) オストロビチャノフの地代論争そのものは、ソ連崩壊等もあり、沈静化したが、社会生態学的に考えれば、メディア空間としての経済性・社会性としてこの地代論争は、放送料決定の要因のひとつ電波料発生の根拠を考えるうえで有用である。電気通信省が逓信省から分離して独立、電気通信の「民主化」として、放送を民間企業へ開放する前提になる。ここに国家が徴収する電波料・電波使用料発生の根拠として「良好な電波環境の構築・整備に係る費用」の賦課という論拠が創られる。具体的には「不法電波の監視」「電波資源の拡大のための研究投資」等であり、地代論での土地への諸投資にあたる。

3) 山本武利『検閲官』2021 年、新潮社。GHQ に雇用された手紙等の検閲、電話交換手、通訳、ラジオトウキョウの関係者等、日比谷、内幸町、丸の内界隈はさしづめ「欧米帰りコネクション」の雰囲気であったろう。『思想の科学』グループの鶴見姉弟、丸山真男、武谷三男ら 7 人の創業メンバーに次いで 8 人目の同人になった市井三郎は近くの米海軍病院で通訳をしていて、雑誌の創刊号を駅のキオスクで購入して連絡をとってきた。英国留学でホワイトヘッドの影響をうけ、思想の科学研究会に「文理両道」の思想を持ち込んだ一人である。

4) この問題の議論は思想の科学研究会の法人資格返上にともなう総会資料に詳しい。鶴見は「父祖の名の重みの下に」と創刊時の複雑な心境をのべている。(鶴見俊輔『「思想の科学」私史』(2015 年、SURE 出版社)インタビュアーの黒川創の質問に答えて後藤新平、鶴見祐輔の"資産"の延長線上での創業を回顧している。

5)『思想の科学』第 5 号（1947 年 10 月）、この号では、井口はこのほか国際政治にかんする 2 点の新刊書の紹介記事を執筆しており、全部で 26 ページ分（全ページの 4 割強）も占めている。雑誌編集者というよりも、寄稿家でもあった。多忙でもあったが、英書を通じて空白であった新しい海外の知識を貪欲に吸収できた時期である。

6)『思想の科学』5 号、1947 年 10 月。

7)『思想の科学』の 1946 年から数年間にわたって、地政学からの「転向」組の国際関係論の論文が数多く発表されている。その中には、平野義太郎とならんで、井口も加えなければならないだろう。多くの国、社会で地政学の経歴をキャリアロンダリングするうえで「国際関係」論は新しいフィールドであった。また、思想の科学研究会が組織した『人間科学の事典』(1951 年、河出書房)はその延長にあった。

8) 井口は当初「コミュニケイション」と訳していたので、引用の場合は、日本への紹介という功績の文献へ、敬意を表してこのように表記するが、誤植ではない。

9) P.Scott Corbett、(Kent State University Press、1987)、p.87 以下によると、戦時、日本人で連合国等の占領下にはなお70万人がおり、日赤は1942年だけで253万円を国際赤十字に拠出して交換業務を遂行したが、日本軍の珊瑚海会戦での敗北などで結局、グリプスフォルム号での交換は2回におわった。

10) 欧州からの難民同様の学者はニューヨークの「ニュースクール」、「プリンストン大学高等学術研究所」、ノースカロライナ州の「ブラックマウンテン・カレッジ」などで受け入れられた。やがて彼らはポール・ラザースフェルドの例のようにニューヨーク大学などでのナチスのラジオ・プロパガンダ研究の組織化などコミュニケーション研究を本格化させる。田村「プロパガンダ研究とFBISの成立―コミュニケーション学胎動の土壌―」『インテリジェンス』第19号、2019年3月参照。本書の第八章の元の稿。

11) 田村「都市研究における1924年『日本人調査』の位置―R.E.パークとシカゴ学派の役割」『東京経大学会誌』190号、1950年。田村「メディア研究史におけるP.E.パークの役割―地域ジャーナリズム論への道程・"移民社会"の到来を前に―」『ジャーナリズム＆メディア』12号、2019年、日本大学法学部新聞学研究所、参照。

12) 田村「ラスウエルと"マスコミ"用語の日本登場」『コミュニケーション科学』第33号、2011年2月、149-160頁。

13) NYのPrentice-Hall出版社から発行されるが、鶴見論文は本書に依拠しており、かくも早く、かれがこの書を入手して読み、その学問への波及の重要性を認識して論文にした洞察力には驚きである。

14) 鶴見俊輔「戦中から戦後」『コミュニケーション科学』第24号、2006年、東京経済大学コミュニケーション学会。

15) GHQ、その1機関であるCCS（民間通信局）の指示で、行政機関の民主化、改革の一環として逓信省の解体、電気通信省（Ministry of Tele-communication）の発足、電電公社の設置等が進む。その流れのなか無線電信講習所が電気通信大として学が発足する。井口はこの大学の講師に招かれる。テレ・コミュニケーションが行政にも顕在化する。

16) 田村「コミュニケーションとは何か―概念の定義を変えてきた技術革新―」参照。田村著『コミュニケーション―理論、教育、社会計画―』(1999年、柏書房) 所収。

17) 『思想の科学』第3巻第3号、1948年3月。

18) 『日本マス・コミュニケーション学会50年史』(2001年、発行同学会) 2頁。

19) ドイツのカール・ビュヒャーのZuitungwissenschft、アメリカのニューヨーク大学に始まるSchool of Journalism等の流れも、必ずしも新聞紙

の研究そのものに留まらなかった。

20）本論文では鶴見俊輔や井口一郎の家族、その他関係者からの聞き書き
が多い。

21）『思想の科学』第4号、1948年4月、12頁。

22）生まれたばかりの電気通信省はそのコミュニケーションという概念を
普及させるべく「新通信科学研究会」なる団体を省内訓練課のなかに設
け、その叢書第1巻として本書を発行した電気通信大学もふくめまず第
一に職員への教育を主任務にしていた。そのテキストであったが、研究
会の目的に「コミュニケイション科学（大衆通信の科学を含む）の理論
的、実際的研究を行う」とした。この「大衆通信」の原題こそ「マス・
コミュニケーション」であった。

23）H. D, Lasswell, *Psychopathology and Politics*, 1931

24）L. C. Rosten, The Washington Correspondents. 1937

25）チャンネルの定義については田村「チャネル論序説」（東京大学新聞
研究所編『創立25周年記念論文集コミュニケーション』1974年、東大
出版会所収）で論じた。

26）清水幾太郎・日高六郎他編『マス・コミュニケーション講座第1巻』(1955
年、河出書房）への寄稿。

27）井口の「転向」前の記述には小冊子『我国の無産政党』(1927年、民友社)
がある。国民新聞の仕事として発売したものだが、内容は労農党にくわ
しく、筆者の姿勢がにじみ出ている。東大新聞研究室での研究成果が発
表されたのは1938年、かれは26歳の青年記者から37歳の社会人研究
者になっていた。この10年間の変容になにがあったのであろうか。い
うまでもなく日本におけるファシズムの勃興である。

〈参考文献〉
渡辺武達、津金澤聰廣、武市英雄編『メディア研究とジャーナリズム21
世紀の課題』2009年、ミネルヴァ書房所収、田村稿「メディア・コミュニケー
ション研究の歴史」

〈付記〉
本論文は鶴見俊輔生誕100周年の2022年に発表した。

第七章

すべて、それ（プロパガンダ）は
戦争から始まった

1. 1951年までの到達点

井口一郎は、その終生の到達編として1951年に光文社から『マス・コミュニケーション―どんなふうに大衆へはたらきかけるか―その理論とその実証』というかなり厚い分量の書物を書き下ろす。本書は、ベストセラーつくりで知られた光文社の神吉晴夫の発案による1冊であったろう。神吉は前年までに、毎日出版文化賞に輝く南博『社会心理学』や、福武直・日高六郎共著『社会学』、八杉龍一『生物学』といった、大学の教室で使用してもおかしくない教科書スタイルの入門書をてがけて好評を博していた。

南も日高も大学の助教授であり、書き下ろしに堪える体力も力量ももっていた。神吉は、こうした「若手」を発掘して、すでにテキスト風のベストセラー、ロングセラーを生み出す名人・出版人としてしられていた。『カッパブックス』シリーズの創設でも知られるように、講談社の野間清治の薫陶をうけた当代第1級の出版人が、井口に目を付けたわけである。

こうして、井口の今回の書き下ろしは、それなりに話題になった。相当数のコミュニケーション学の研究者や社会学者が手にしている。実際、内容はそれなりにレベルが高い。井口の見識を示すように、米国や欧州の学者の文献を縦横に駆使している。その多くは、まだ日本に翻訳されていない学者の著作をあたっている。かれの語学力や資料収集力をいかんなく発揮している。これも、8か国語に通じているとされる神吉好みであった。

この本が世に問うたなかでもっとも重要な内容のひとつが、「コミュニケーション科学の発足」と「コミュニケーションの回路」の章である。その内容は、これまで、米国に芽生えた「コミュニケーション」学の研究、思想、学問にない鋭い思索の分析である。これらは、本書を深読みすると、およそ「アメリカ種」にないものを含んでいるが、紹介はあとにする。

その前に、本全体を俯瞰しておく。

本書の第1の特色といえば、その副題のように、メディアの送り手の立場を貫いていることである。光文社版が出た1950年前後といえば、マスコミの戦時責任が問われていた時期であり、大手新聞社のオーナーたちは、会社や社会的団体の役職を辞退していたときであり、戦時に軍と協力した「物書き」たちは、筆を置いていた。朝日新聞社の良心的な記者むのたけじは退社して秋田県横手の故郷へもどって小さな地域新聞『たいまつ』で、自問していた時だ。

　のち、小さな出版社から発行された『たいまつ16年』の著書が、弱くなりかけていた戦時派ジャーナリストたちの良心をどれほど揺り動かしたことか。横手出身の若い編集者大野進たちは『たいまつ』という雑誌を創刊して、むのの魂を引き継ごうとした。わたしは、この小さな雑誌に「長加部寅吉評伝」という文章を4回連載した。かれは、地域のクリスチャンだが、明治40年代に柏木義円とともに日露戦争に反対する「非戦ジャーナリズム」に組して投獄されている。

　この文章はのち『明治両毛の山鳴り』として新宿書房から一冊にまとめ、稀有のブックデザイナー田村義也がすばらしいブックカバーを制作してくれた。

　また、他にも述べられていることは消えかけては、再興する、戦後70年のあいだに生まれては踏みつぶされる小さなメディア運動につねに引き継がれてゆく批判的ジャーナリズム思想のことだ。残念なことに、軍とともに地政学の雑誌を出して執筆した井口からは、なんらの当時の文章はなかったし、満州建国大学で「弘報論」の講座をもった事情もすこしも明らかにされていないままであった。本書でも、政府、公務、健全な世論等に気を配るコミュニケーションが読み取れる。

　それでも、本書の主題である「マス・コミュニケーション」も、一人対一人のコミュニケーションではなく、無限の多数、すなわちマスである大衆に影響をあたえているマス・メディアがもつ問題をテーマにしている。対一人のコミュニケーションなら、それに使われるメディアで、いかにねじ曲げられ、虚偽で激しい情報、ニュースであれ、影響はひとりの人間におよぶだけある。

　だが、無限にちかい多数、すなわち大衆を相手に、意図的に真実でな

い情報が、無数複製される、すなわち大日刊新聞、大衆雑誌、ラジオ、すでに 1960 年代にはビジネスとしても定着したテレビといったマスメディアで運ばれたら社会はどうなるだろうか。選挙における投票結果、特定の商品の販売、政治における特定の政治目的の完遂、他国との悶着・対決・武力衝突への人々の動員、それが現実となっていたのだ。

2. 著書『マス・コミュニケーション』の特色

テキスト風の体裁をとっているため、コミュニケーション、記号、象徴、シンボル、回路といった用語の簡単な定義からはじまる。ちょうど、経済学を学ぼうとしたら、資本、賃労働、利潤、労使関係といった用語を理解し、それらを操作する能力を身につけねばならないのと同様だ。いずれも、経済学がマルクス、アダム・スミスとそれなりの長い研究史があるように、20 世紀になり、コミュニケーション学が米国で成立するなかで、使用がはじまった用語法であるため、米国の学者が定義したものが主として紹介される。

ではいつから始まったとみるべきか。経済学が資本主義の成立と結んで英国など資本主義の先進国を土台にしているように、コミュニケーション学はそれらの資本主義国のあいだの発達、対立、矛盾が戦争に発展したことが基本にある。

経済学も、資本家が描いたような生産の拡大により、社会が潤うというだけでなく、激しい労資の対立や階級闘争の激化のなかで、学者も為政者も、経済を学としてきわめ、将来を予測しなければならなかった。

コミュニケーション学も同様であった。平穏な時代に研究室のなかで編み出した学問では決してなかった。砲火が炸裂し、人命や財産が無残に打ち砕かれる戦火のなかで生まれたのである。

井口はそのケースをいくつかあげている。

一例が、普仏戦争時のフリードリッヒ大王の新聞を使った風聞の利用である。1767 年、ポツダム郊外で大規模な軍事演習を実施した際、世は「再び遠征か」と不安がるのを打ち消すために新聞に命じて、沈静化の記事を書かせる。またナポレオンのシシリー遠征時、さまざまな記事

をひろめて、世の判断を誤らせようとしたこと。

　近年では、プーチンのウクライナ侵略、すでにロシアやベロロシアに相当数の戦車と兵を派遣して大規模な演習、その後の国境突破をしながら、事実をみとめない記者会見やニュースをながす。戦争によって、弾丸や銃剣で敵を滅ぼすホットなたたかいだけでなく、ニュース、情報、デマ等の手段で相手を降伏させるような事例を井口は豊富に例示している。また逆に、相手から本当の情報を集めることの重要性も、戦争はおしえている。

　その決定的に歴史上意味のある戦争が第1次世界大戦であった。世界を真っ二つに割って多勢の人命、財産、文化、精神、思想とあらゆるものを破壊した最初の世界大戦では、考え得るすべての武器とともに、はじめて意図をもって、情報が駆使された。井口は第1次大戦時、ドイツ軍が中立国ベルギーのアントワープを占領したニュースを新聞をつかっていちはやく、周辺国に流して、世論の自国への有利さをなびかせようとした例を分析している。これは日清戦争時、日本軍の大陸での戦闘を各社が号外というかたちで、いち早く知らせて世論を味方にしようとした情報戦を彷彿させる。もっとも、この号外合戦、勇み足で、まだ占拠していない都市の名前をあらかじめ刷り込んだ号外を配布して有名な「誤報」事件となるエピソードもある。この号外による戦時情報戦は私も『号外』（池田書店、1974年）という著書で分析したことがある。

　しかし、これは新聞社の過度な報道合戦の結果であったが、だれも「誤報」を責めることも、その責任をとる必要はなかった。戦争とは、そのような過激な行為をヨシとする風潮が歓迎されたのである。軍当局も政府も、かりにデマでも、自軍に有利で、勝利するニュースの役割を学んだのである。

　こうした戦時での自国の正当性、意図的な「誤報」、戦場での勝利のニュース、敵対国の敗北、国内の動揺、不当性の情報、ニュースの大生産が第2次大戦では枢軸国ですすめられた。ドイツはゲッペルスを宣伝大臣に任命して、おりから諸国民に普及したラジオ放送を通じて強力におしすすめた。

　この教訓は第2次大戦後も、各国・各団体が学び、戦後のファッシズ

ム風潮をふくむさまざまなイデオロギーや政治的主張・宣伝にひきつがれ、研究者もその分析、理論化にとりくむ。井口は「コミュニケーション科学の発足」と位置づけた。

3. 「コミュニケーション学」の萌芽

第2次大戦の「成果」が「コミュニケーション学」として実るのはまったく皮肉であり、慚愧に堪えないことであった。戦後、研究者ののこした仕事として、井口はつぎの人々をあげる。

1　W. リップマンの「世論」研究　1922年
2　S. チャコティンの「大衆のうごき」　1940年
3　W. ドウブの「宣伝の心理学」　1935年
4　H. キャントリルの「社会運動の心理」　1941年
5　S. ロジャスンの「つぎの戦争の宣伝技術」1938年
6　H.D. ラスウェルの「第1次大戦の宣伝技術」1927年

井口がどういう考えでこの研究者たちの業績と、この順序にあげたかはよくわからないが、列記された著者には当代を代表する第1級のジャーナリスト、心理学者、政治学者、社会学者らを含んでいることに注目したい。

コミュニケーション学が成立するうえで、このそれぞれ専門分野の異なる研究者が、独自の方法論で、この膨大な情報戦、宣伝戦、言論戦等を分析し、研究に纏める方向で成果をまず残した。そのうえで、結集していったことは決定的に重要であった。コミュニケーション学が社会学、政治学、歴史学の一分野として留まることなく、まったく新しい学問分野として生まれてくることになる。また、それぞれが、新聞ジャーナリズム、映像文化、ラジオ放送等の個別のメディアを越えて、統合してゆくことになる。

井口が、コミュニケーション学研究の夜明けの時代の研究者の一人にロシア人のセルゲイ・チャコティンを挙げたのにはおもしろい。父の職

業の関係で、オトマン・トルコでうまれたが、れっきとしたロシア人である。動乱のヨーロッパ各国を移住し、ソ連崩壊後のロシアに帰り、1973年そこで死去した。かれは、「政治的宣伝」に興味を持ち、書き残した「労働組織論」のなかで、コミュニケーションを問題にしている。ボルシェビーキは独自の「宣伝・扇動」論を重視し、民衆の蜂起時の「アジテーション」技術に拘泥した組織論をもっていた。

　チャコティンは、社会学者であるとともに、生物学者で、パブロフに私淑してもいる。また「細胞の顕微鏡での解剖」という分野での先駆者である。こうした「雑多な」分野、アプローチ、イデオロギーのまさに「るつぼ」が学問の誕生の背景にあることは「コミュニケーション学」で見落としてきた背景である。同時に、この「アメリカ的雑然性」がうまれてくると、「ヨーロッパ的」な観念・抽象議論が付け加わる。アドルノやミードである。

　マルクスやウェバーから「交通形態論」を見ようという哲学者の参加はヨーロッパ種である。

　この統合過程で、学問への統合でキーパーソンとして大きな役割をはたすのが、ポール・ラザースフェルドである。

　P. F. ラザースフェルドは、ナチスに追われて、米国に移住していた欧州の知性のひとりであった。米国は、ドイツなどの枢軸国とのプロパガンダ作戦に備えて、軍の情報機関（一例が対日戦争遂行のための語学兵の徴集と訓練）など国家的な諸機関を整備した。語学兵のなかには、白人からなる対日情報収集もあれば、日系二世からなる語学兵団もあった。平時から通信の配分、周波数の割り当て等テレコミを管理するFCC（連邦通信委員会）が日常運営している無許可の電波を取り締まる部局を拡張してFBIS（外国語放送の傍受、分析、取り締まり）を創設していた（本書の第八章）。この機関は戦後、CIAに吸収されていくように、たんなる平時の電波取り締まり以上の任務をおびることになる。諜報・インテリジェンス活動である。日本からのプロパガンダ放送を傍受、分析していたのである。

　日本は、NHK、軍等が強力して、「ラジオ・トウキョウ」等で、対米・対海外へむけてのプロパガンダ放送を実施していた。「トウキョウロー

ズ」で知られる前線の米兵対象の謀略放送はよく知られている。一定の効果はあった。

　一方、米国も日本語で短波による対日プロパガンダ放送を実施していたが、あまり効果はなかった。理由は、日本国民は軍の情報機関などを除いて、だれひとり短波ラジオを受信できる機材を所持していなかったからである。短波受信機は高価で、国民がひとしく所有できるほどの生活水準になかったし、日本政府は NHK の第１、第２の二つの中波のラジオ放送しか受信できない「並４」（真空管が４本、電波のキャッチを制限）とよばれるラジオ受信機の所有だけを許していたからだ。

　米国は、巨費を投じ、新たな機構を創設してこの対枢軸国の対外放送をすべて傍受し、録音し、英語に翻訳し、分析して当初は軍用として枢軸国の戦争遂行を分析するため大統領のもとに集約させた。のち、記録等のため大量の蝋管が保存されたが、研究者たちは独自に傍受して研究用に利用した。それを、ロックフェラー財団が巨費を投じての研究に発展させる。

　種々の財団で、研究投資をどのように選択して行なうか、は非常に重要な選択である。その点、ロックフェラー財団の狙いを定めた選択は、検討に値する。1930 年代の「ラジオプロジェクト」の直前には、「1924 年の日本人移民調査研究」（「東京経大学会誌」190 号、1995 年参照）に巨費を投じている。

　ロックフェラー財団は 1933 年、まずラザースフェルドを、米国へ招く。ここで、米国の市民権をとらせて、以後の息の長い研究プロジェクトのための準備をする。

　オーストリアのユダヤ系家庭に生まれ、ウィーンで学業を磨いていたラザースフェルドはこの「小旅行」で、その雄大なコミュニケーション研究のデッサンを作ったに相違ない。

　のち、米国に移りプリンストン大学で「ラジオ研究プロジェクト」をスタートさせ、1937 年から 1940 年まで、重要な仕事を成し遂げる。おりから、欧州は戦火とラジオによるプロパガンダに洗われていた。

4. ラスウェルら異なる文化・学問からの結実

学問としての「コミュニケーション学」が実るうえで、この異なる学問分野、異なるメディア研究に加えて、異なる国籍、人種、文化にかかわる研究者たちの大集合は力説しておきたい。これら「異種」の背景が合流しての新しい学問分野「コミュニケーション学」が誕生することができたのだ。コンバージョン・サイエンスの典型例だ。

そのひとつの雛の産院がアメリカ東部の大学であった。第2次世界大戦を前にして、ヨーロッパのさまざまな国、さまざまな学問、文化、大学から無数の知性が追われるようにしてアメリカ大陸に渡った。コミュニケーション学がたんなる社会学の一分野でも、政治学のひとつとしてでなく、諸科学を横断した、まったくあたらしい独自の学問として呱々の声をあげることができたのである。

それが、また他の諸科学や文化活動に影響をあたえる。サブカルチュアとよばれるものだ。米国に社会学のある派を生み、社会心理学・哲学のあるグループを米国に根づかせることになる。自然科学、精神分析、芸術、音楽など広範に及んだ。

5. 世界的危機の時代の学問

井口は、「原爆の世紀」への不安を示す。原爆を戦争で実際にちらつかせるウクライナ戦争ほど現実性をもってはいない本書発行時の1951年とは、どういう時代であったろうか。後の自衛隊になる「警察予備隊」創設など、「逆コース」という言葉がはやる時代であった。井口も何らかの不安を感じ取ったことであろう。

米国では、この不安な時代に呼応するものだとして、各大学や研究機関は戦時につづいて、相当の財団資金をもとに各種のコミュニケーション研究をすすめている。その特徴をひとことでいえば「送り手」の側にたったその立場の論理の強化であった。コミュニケーション企業が事業として成り立たせることが前提の資本主義社会の不可避の選択ではあった。

それらを前提にしたうえで、井口は「人類が生き残る見込み」として、コミュケーションのいくつかの課題を戦後発足した 1946 年のユネスコ第 1 回総会の提案から示すことも可能だが、21 世紀の今日から読むと物足りないので割愛しておく。

　むしろ、そのあとのミネソタ大学の R. D. ケイシーが提起した「大衆的なコミュニケーションの回路をつくりあげる」ということに注目したい。ケイシーによって、はじめて、民衆の側に「コミュニケーションの回路（ネットワークといいかえてもよい）」をつくるという発想は、まさしく革命的なものであった。それまでは、コミュニケーションの送り手というメディアの側と、受け手という大衆の固定的な発想であった。

　民衆自身もコミュニケーションの送り手、活用する側へ参加するという発想こそ民主主義の保障であるべきなのだ。

　それはまた、コミュニケーションを対立的な図式でしかみない従来の思想を循環する文化として捉えなおそうとするものだ。

　ケイシーは、同じ政治学者ラスウェルとのプロパガンダに関する著書がいくつかあるが、日本ではそれほど知られていない。めずらしく、西海岸の出身のコミュニケーション学者である。

　井口の本が紹介した大衆自身の回路というケイシーの思想はそれから 7、80 年経った今日も新鮮さを映し出している。当今では、別の意味を付加している。米国でも独立以前は「ニュースといえばロンドンでの出来事」とされた。コミュニケーションというのは、一方通行であった。富、政治権力、話題・情報の独占しているところ——権力、権威といいかえてもよい——から、大衆の側に一方的にながれるものであった。ケイシーは、それを克服して大衆自体がコミュニケーションの回路を持つべきだと指摘したのである。

　この思想はどこから生まれたのであろうか。

　研究者という一人の人間はその出自、教育、環境、経歴から自由ではない。その一人の人間である研究者が提起する思想であり、理論である。ロックフェラー財団の支援のもとに、「対敵プロパガンダ」を研究する「ラジオ・プロジェクト」とよばれる研究機関が 1937 年プリンストン大学に設置されたとき P. ラザースフェルドが責任者になった。ナチスに

追われて米国へ到着したヨーロッパのユダヤ系知性のひとりだ。ここが「コミュニケーション」学誕生の揺り籠になったのだ。

ラザースフェルドは、分野ごとに学者を招集してはりつけた。音楽部門はテオドール・アドルノ、心理部門はハドレイ・キャントリル、ラザースフェルドの助手にゴードン・オルポートとフランク・スタットンと。プロジェクトは対敵ラジオを傍受して分析するだけでなく、CBSラジオ局とタイアップして、ラジオ放送でさまざまな実験もおこなった。若きケイシーもこのプロパガンダ研究の輪のなかにいた。

ここに挙げた名前の研究者たちは、いずれも、コミュニケーション学の草創期に業績をあげ、関連の著書を書き、各種の仕事を世に送った。そして、それぞれの大学や研究機関にコミュニケーション学の学部や研究所を創設している。

ケイシーは、プロジェクトが発足したころは、オレゴン大学の新聞学部を率いていたが、もともとシアトルのワシントン大学大学院で修士号をとったあと、地元の新聞社『ポスト＆インテリジェンサー』の記者、モンタナ大ジャーナリズム学部助手、オレゴン大ジャーナリズム学部助教授とシカゴ大のR.パークを連想させるキャリアだ。米国の大学教員にはよくある経歴だ。

ことに、ジャーナリズムやコミュニケーション学のように人々の生の生活を学問にしようというなら、不可避な経験であった。

ケイシーは、ジャーナリズムの例示として、NYタイムズ、W.ポストのような「権威」ある新聞のほか、生まれて間もないNYサン、ロンドン・モーニング・ヘラルドのような「通俗的」な新興新聞や、週刊新聞に正面からとりあげている。イエロージャーナリズムのような、問題のある新聞もふくんだのがジャーナリズムであり、ここに「大衆の回路」を解くかぎがあるというのだ。

文化が大衆の参加によって、サブカルチュアが誕生したように、ジャーナリズムも大衆の参加で、「サブジャーナリズム」のようなものを生み、広がりをみせる。「大衆の回路」すなわち「民衆のネットワーク」つくりはここにはじまる。「回路」（チャンネル）は、道具であり、技術革新によって人々に開放される。

井口の光文社のテキストがアカデミズムの世界でも、ジャーナリズムの世界でも充分に読み込まれず、活用されなかった事情はまさにここにある。日本のコミュニケーションの世界はアウトサイダーを呼び入れてはならないのだ。

　文化の問題で、サブカルチュアには問題があるにしても、それをまともにとりあげたのは、アドルノや思想の科学研究会であった。シンフォニーを専用のホールできくことと、ラジオで耳にすることに、文化的な違いを論ずることはむずかしい。アドルノの実験であった。鶴見俊輔は、『思想の科学』誌上、絵画、音楽、演劇などの文化が複製されて人々のまえに現れることの差異を早くから言及してきた。学会がそれを取り上げたのは半世紀もおくれてからである。

　「大衆のものになる回路」は、権力、財力、ちからを独占したいと、かんがえている制度やひとにとっては危険であることは、東欧での民主化の歴史、わが国の大衆運動の過去を考えると教えてくれる。

144

第八章

フロパガンダ研究とFBIS の成立

—コミュニケーション学胎動の土壌—

はじめに

　プロパガンダを理論的に体系化してゆく上で欠落させてはならない背景として、ドイツ・ナチスの勝利以降、ゲッペルス宣伝大臣による世界各国へむけての放送による破壊活動が強化され、英仏にファッシズム対抗としてコミュニケーション学の枠組みに大きな変化が生まれたことがあげられる。各国ではこれに対応する様々な措置がはかられたが、なかでも反枢軸国側研究者・実務家による結束した活動は特筆にあたいする。コミュニケーション学の分野でも、その初期にH.ラスウェル、アイビー・リー、H.グレープス、P.ラザースフェルドの役割をもういちど紐解く価値がある。

　コミュニケーション研究そのものの誕生は、多くの国でファッシズムに抵抗する契機であった。とくにこの契機になった一つがロックフェラー財団によるプリンストン大学、コロンビア大学、スタンフォード大学等でのナチス・プロパガンダ研究プロジェクトへの巨額の研究助成金の投入である。大学等での研究プロジェクトにはじまり、学界全体に「コミュニケーション学」創設への急速なロードマップとしてプラットホームになったのが、1942年に生まれた米国政府のFBIS（海外放送インテリジェンス・サービス）の存在である。この機関の膨大な情報蒐集と内容分析の役割が、これまで必ずしも明白にならなかったのは、この機構が戦時にあっては軍の管轄下にあり、戦後はCIAの一部局となって諜報機関の一部となっていたからである。

　これらの研究には当然、シビリアン研究者としての節度と制約が求められた。近年、秘密扱いの相当部分の情報が解禁されたり、この活動に参加していた研究者の仕事が徐々に明らかになり、ある程度分析が可能となった。

　本論文の構想のもとになった元職員のJ.ループの部内報告書（400頁をこえる「FBISの歴史」）も1969年に「コンフィデンシャル」指定にされていたが、2009年に解除になった。人物も文献も相当数は現在も秘密指定のままであるが、FBISの素データは、1980年代にアメリカの研

究者とともにアクセスして入手できたものである。

1. 日米放送合戦の幕開け

1941年の太平洋戦争勃発で浮上する日米の電波戦争は、ラジオによるプロパガンダであり、その対応策のひとつに、いかに敵国である日本のラジオ放送の傍受・分析のため国力を総動員するかという課題があった。とくに真珠湾攻撃の「不意打ち」に衝撃をうけたアメリカでは、大きな努力がコミュニケーション研究に向けられた。この戦時の研究が、のちの「オーディエンス研究」「コミュニケーション過程論」その他戦後拡大する「マス・コミュニケーション論」の基礎をつくったのである。

まず、先行研究の足跡を概括しておきたい。

1930年代、ナチスの宣伝放送は国境を互いに接しているヨーロッパにおいて、大出力のラジオ放送で猛威をふるっており、英国はじめ西欧の研究者には大きな関心事であった。社会科学の分野でも、J. B. ホイットンは、他の研究者と協力して、この時代、技術革新著しいラジオ放送の研究を組織した。P. E. ヤコプのナチスの短波放送研究、E. フライドの説得の技術、P. ラザースフェルドのオーディエンスの調査などが含まれていた。いずれも後にコミュニケーション学を形成させるうえで、重要な理論的な体系に発展するものである。またシカゴ学派の人間生態学やコミュニティ・メディア論等の展開とは別の社会心理学、行動科学、言語学等の学統につながるものであった。

ことにラザースフェルドらの仕事に注目したロックフェラー財団が、ナチスの抑圧を逃れようとしていた彼を、財団の正規の研究員として米国へ迎え入れ、やがてコロンビア大学の社会学教授となる道をひらいた。彼は同大学で、W. シュラムや R. マートンらとコミュニケーションの基本的理論を完成させる。ラジオによる投票行動や購買行動の分析、また「ピープルス・チョイス」「準拠集団」「オピニオン・リーダー」等の理論は、この時期の研究をぬきにして語れない。

R. パークらシカゴ学派の社会学者が新聞、都市コミュニティ、エスニック集団といった課題を追求していたのに対して、コロンビア大学な

ど東部の大学は電波などの新しいメディアが広範な視聴者をどう掴むかに研究方向があった。このため、電波の傍受、視聴者の数量的分析、行動の社会心理学的研究などは巨大な経費を必要としたが、ロックフェラー財団がこれに応えた。またシカゴ学派の形成に貢献する各種都市調査もこの財団の支援によるところが大きい。ラジオを中心とする東海岸アイビーリーグ大学の研究は、社会学全般にも、新しい社会学雑誌の創刊などの地盤変動にかかわっていると考える。

ラザースフェルドらは大学で「内容分析」「コミュニケーションの2段階の流れ」といった基礎的な理論を作り上げてゆく。コロンビア大学のジャーナリズム大学院とならんで、プリンストン大学の公共政策学部、公衆・国際問題大学院も「ラジオ放送研究プロジェクト」を創設し、ロックフェラー財団はこれをも支援した。ここがナチス・プロパガンダ研究の拠点になってゆく。当初から、民主主義を擁護する立場であった。ここに至る放送プロパガンダ研究を4人のキーパーソンを中心に一瞥しておきたい。

第1は、H. ラスウェル（1902-1978）。その名著「世界大戦におけるプロパガンダ技術（1938年再版）」でラジオ放送の威力を指摘した。電気通信技術の先進国のように考えられる米国も、国内的に企業間の激しい特許権をめぐる争いや、利権をめぐる戦いで、この時期、必ずしもこの分野で世界をリードしていたとはいいがたい。一方、ドイツはヨーロッパの地続きの利を生かしてナチス政権後は西欧各国に向けて宣伝放送を挑んでいた。ラジオ研究では英国が、BBC放送の伝統と、何十年もかけて完成していた地球を一周する「銀の輪」C&W（ケーブル・アンド・ワイアレス）網のパイオニアの立場を使って西側世界をリードしていた。のちに米国へ移る研究者もこの恵みにあずかっている。戦後の東欧の民主化は皮肉にもこの逆で西側の政治、経済、文化の情報が国境をこえて東ドイツなど社会主義諸国の国民に影響をあたえ体制崩壊となった。ラスウェルのこれらの放送プロパガンダ研究は、彼がシカゴ大学で学位をとってから注目されるようになる。

ナチスは乗用車「フォルクスワーゲン」同様、ラジオ受信セットでも国民大衆が取得しやすい環境を整えた。ゲッペルスはドイツの強力な磁

気通信技術の普及につとめ、1933年431万セットがナチスの政治信条で西側諸国に激しいプロパガンダをあびせたものが、1938年には909万セットにもなり、ITU（国際テレコム連合）によれば先進国で900局3億人をカバーするまでになる。日本もラジオ放送の普及に後れをとったわけではないが、受信機を「並4」とよばれる中波の特定波長の受信機に限定して国民を情報統制していた。

　J. B. ホイトン（1892-1977）は論文「ラジオによる戦争」を発表して、ナチスのラジオ・プロパガンダの重要性を指摘した。米国が本気になってナチス-放送宣伝の分析を訴え、おりからプリンストン大学公共政策学部がロックフェラー財団の支援を得て1941年11月「傍受センター」を設置する。「新しいメディア」による人々への影響を大規模に調査・研究する必要性に気が付いたからである。現在、音声記録もふくめ、相当量が残存している。

　ここでは、ベルリン、ローマ、モスクワ、そして一部トウキョウからの短波放送をモニターし、文書化したものが関係方面に提供され注目された。NGOとしての役割で大学などの公共機関などにそのモニターの内容を提供、最盛期には87の団体・部局に送付されていた。この結果についてはFCC（米連邦通信委員会）も注目していた機関のひとつだった。

　2番目のキーパーソンは、PR（パブリック・リレーション）という概念を完成させたアイビー・リーである。もともとはジャーナリストだったが、広報会社をつくり、広報、宣伝、広告などを業務とした。そのクライアントには米国のAT&T（電話会社）などのビッグビジネスからナチス、スターリンまで視野にはいっていた。ゲッペルスはリーに敬意をもっており、大切な「教師」であった。このように、PRが一見ニュートラルなコミュニケーション技術の様相をもちながら権力装置の維持機能をもっている没価値な側面には研究者から批判をともなうのは免れがたかった。リーもナチスのプロパガンダから多くを学んだことであろう。ゲッペルスはドイツの強力な電気通信技術ナチスの政治信条で西側諸国に激しいプロパガンダ戦を挑んだ。

　そこに第3の人物、ハロルド・グレープスが登場する。彼は海軍軍人の出身で、FBISの生みの親である。FCCは対日ラジオ戦略の重要性に

対応すべく、後述するように、PONDA という名称の傍受基地を設置する。これは業務上のコード名で、プリンストン大学の傍受センター等のシステム、ノウハウ、人材をそっくり接収するかたちで、1941 年 6 月にスタートする。「アメリカ大統領令」で急速設置され、費用も議会審議を経ない大統領官邸から支出するなど、秘匿されたものであった。日本のハワイ攻撃の半年前であった。したがって、プリンストン大学独自の傍受の作業はこの時までだが、以降コミュニケーションの学術的研究はつづけられる。とくに先述した第 4 のキーパーソンであるラザースフェルドたちの業鎖は記念碑的である。

　また、前後して 1940 年ころからニューヨークのユダヤ系ヨーロッパ人研究者・亡命者の研究教育拠点であった「ニュースクール・社会研究所」の E. クリス、H. スペイアーらによる「戦時全体主義コミュニケーション研究」のプロジェクトが発足する。おそらく「コミュニケーション」という用語の研究組織が生まれた初期のものと思われる。

　グレープスは FBIS の全責任を負う先任管理者のポストで、多数の人選と機関設計、業務内容計画の資務を短期間に遂行した。グレープスが招集した主な人材には、つぎのような名前がみられる。これらの人物は

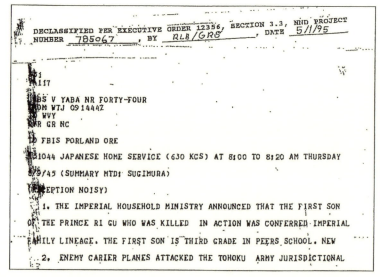

図1　PONDA が傍受した日本の国内放送・630KC.〈1995 年 5 月解禁で閲覧可能に〉

時期と業務内容を異にしているが、いずれもグレープスのために働いた。

　L.フリー：スタンフォード大学でマス・メディア論を研究、研究雑誌『パブリック・オピニオン・クオタリー』の編集長をしていた。FBISの編集担当部局の責任者となる。この雑誌は初期のプロパガンダ調査や研究の論文の発表手段であった。

　G.ワトソン：コロンビア大学の社会心理学者、FBISの分析室の責任者、戦後は大学に大学院を開設する。

　T.グランデイン：CBSのベテラン記者。

　E.ポーター：ボルティモアとフィラデルフィアの新聞社の編集部で仕事をしていた。

　S.ウィリアムス：長年、ソヴィエトでアメリカの新聞のために記者をしていた。

　Rケイシー：ミネソタ大学ジャーナリズム学部の学部長。5000本の論文を集めて「コミュニケーション」という用語を確定した。

　R.レイ：ベニントン大学学長。その他、プリンストン大学の「傍受センター」で研究していたJ.プルナー、B.エリントン、A.マーシュー、A.キャンターといった研究者も吸収した。

　グレープスは政府機関、BBCとも協力した。ロックフェラー財団がここにも多額の助成をしてラジオ・プロパガンダの研究にあたった。これら、東海岸で生まれた研究のスタッフ、システム、業績はPONDAに合流してゆくことになるが、E.スペイアーらは1943年まで独自の研究を続けている。PONDAにとって、ドイツ、のちに日本からのプロパガンダ放送という多数の言語を扱うため、ドイツ、スペイン、日本の各言語をあやつれる人材を集めることは難題であった。とくに日本語である。ある記録では38人の日本語訳者に白羽をたて16人が日本語テストにパスしたが、米国への忠誠度等で選考にもれ、11人になり、文章テストで3人しか残らなかったという。日本に派遣されていたアメリカ人記者も視野にあり、新聞記者組合（ニュースペーパー・ギルド）にもリクルートを依頼している。

2. 国防総省のもとでのFBISの活動始動

　アメリカの電気通信全般にわたる行政管理機関はFCC（連邦通信委員会）だが、これはルーズベルト大統領の「ニューディール政策」の一つとして1934年成立したものである。米国の放送事業では「言論の自由」と「企業の自由」の双方が尊重され、とくに行政は関与していなかった。ところがマンモス電話会社のAT&Tがラジオ放送に携わったり、各地で次々と創立した放送局間で周波数がだぶって混信する問題も発生した。そこでボストンで「メイフラワー・デシジョン」という司法判断がでて、印刷媒体の「言論・表現の自由」と、無線のラジオ放送との区分・棲み分けが決定し、放送の行政による電波割り当てがうまれる。また、以降、テレコム政策の根底となる電話事業と放送事業との棲み分けにもなる。

　長距離通信、電話などとともにラジオ放送をも規制する機関として誕生したFCCは、すでに州ごとに活動していた交通、エネルギー、水道事業等を規制するPUC（公共事業委員会）からテレコム全般を受け継いだ。FCCは一種の電波管理としてラジオ放送の傍受は実施してはいた。

　1941年2月、ルーズベルト大統領はまず、これも「大統領令」に署名する形で、FBMS（海外放送モニターリング・サービス）の設置を命じる。ここで、枢軸国側によって米国への短波放送の記録、英文訳、文章化、分析を始めている。前述のように当初は内容をプリンストン大学等のサービスや海軍から提供のものを使用していた。海軍艦艇はその航海、戦略、訓練の必要性から独自に対置国の放送、無線等をモニターしていた。FBMSは1942年7月ひそかにFBISに衣替えする（M〈モニター〉にかわってI〈インテリジェンス〉）。組織の人員は1941年11月、215人であったものが、6か月後には430人に急増している。

　一方、グレープスは、独自のモニター施設としてネブラスカ州グランドアイランド、プエルトリコのサンファンなどに施設を増設しはじめ、1941年6月には西海岸で最初の傍受施設がオレゴン州ポートランドに設置される。コード名PONDAである。第2次大戦終了まで、国防総省の組織下におかれた。軍の管理下におかれるようになったため、秘密

保持や人材のリクルートは特別に厳重になったことは疑いない。

　PONDA がオレゴン州におかれたのも、米海軍の基地や主力艦艇が西海岸や太平洋諸島に展開しているからで、1941 年といえば米国のドイツにつぐ仮想対決国が日本である以上、電波戦争でも太平洋側を固める必要があった。海軍はハワイや比島に本拠を固めつつ、すでに海上や空中の見えない火兵線で、日本の電波監視をしていた。FCC と異なり、放送だけでなく日本軍の無線通信も傍受・分析していた。

　連合国側の英国も豪州、シンガポール、香港など海外領土や植民地で、同様の理由から BBC 放送局、海軍等のモニター施設、軍艦船で日本の放送等の傍受を実施、米側と連絡をとっていた。日本の放送をオーストラリアでも傍受して、タイプライター文字に打ち直した情報を米国の FBIS へ回送してきた記録が FBIS に多数残っている。

　日本語放送や通信を傍受するための人材供給にもなる語学将兵養成の軍語学校の設置は海軍が陸軍よりはやく、1940 年 10 月カリフォルニア大学（UC）バークレイとハーバード大学に海軍日本語学校を設置し、白人学生に二世と帰米二世（年少時に日本へ送って教育をうけて帰国）から選抜した講師が日本語を教えた。さらに 1941 年夏にはコロラド州ポウダーのコロラド大学内に設置し、153 人の白人将兵が入学した。この中からドナルド・キーンやヘレン・マッカラのように、戦後アメリカ人の日本研究者になったものもいる。日系人志願兵が入学するのはそのあとで、選抜された 150 人が日本語をカリフォルニア大学の講師であった S. ナカムラから学ぶことになる。

　語学将兵にはひそかに軍艦に乗船して、アリューシャン列島のアッツ島奪還作戦に従事して、島内の日本軍陣地間の日本語会話の無線を傍受する任務についた者もいる。のちに FBIS や OWI（戦時情報局）の仕事に加わった者もいた。アメリカ海軍に日本語会話を理解する水兵が乗船していることを夢にも思わなかった日本軍は、暗号化することなく日常語で会話し、米軍には島内の様子が筒抜けで、あっさり米軍の奪還となった。

　さて、FBIS が設立されたとき、その長に前述の H. グレープスが就任した。グレープスはもともと海軍情報将校だったが、ラスウェルの影

響をうけて、シカゴ大学に「放送とプロパガンダ」というテーマの博士論文を提出する。これをもとに、「ウォー・オン・ザ・ショートウエーブ」という書を1941年に外交学会から学術書として出版した。これが、FCCの幹部の目に留まってFBISの長官に任じられるわけだが、彼はその研究者としてのネットワークを駆使して、コロンビア大学はじめ放送プロパガンダを研究している研究者、実務家等をこの機関に動員、結集する。グレープスは、研究者の道を進まず、1943年には再び海軍に招集されて、ヨーロッパ戦線に向かうようである。海軍の職業軍人であるため、公刊本はすくない。

　FBISは、部局として管理部門のほか、モニター、翻訳・編纂、分析、諜報、頒布、技術などの下部機関を擁する大きな政府機関であった。機構としては、長官部局、編集部局、分析室、モニター局、ニュース作成・諜報部局、送付・配布部局、技術部門、野戦部門等に編成された。そして早速モニター施設としてオレゴン州ポートランドに主として日本などアジアからの放送を傍受する施設を設置する。これがPONDAである。

　当初、ポートランドのオフィスは、郊外の農家を借り、かなり手狭であったようだ（図2）。日本からの短波放送を傍受するが、それをいきなりタイプライターに打ち込むのは考えるほど簡単ではない。そこで、一旦、機械的に記録する、とはいえまだテープレコーダーが普及していたわけでもないので、蝋等を塗った木管で記録、それを回転させながら音声を再生して聞く作業でもあった。日本語放送等を傍受して、これを英訳してタイプしなければならない。のちにはスタッフが揃うなかで、ラジオ・トウキョウのフランス語、ドイツ語等も加わる。その英訳文のタイプ用紙をFBIS経由、国防省へ送るのだが、当初はポートランドから首都ワシント

図2　PONDA（コード名）のモニター室

ンまで、郵便で1週間を要したという話もある。戦時下のためこの文書の送達というロジスティックは最後まで難儀をしたようである。当初は電信企業の独占体である「ウエスタン・ユニオン」社の長距離電信に依拠せざるをえなかった。

電信会社は民間企業であるため、電送にたいして1ワード5セントを請求、このコストが、電送の輻輳や時間問題とともにFBISを最後まで悩ませた。この一種の「蝋管」は、相当数各地のアーカイブ等に保管されており、筆者はその若干のものをテープで複製、日本に持ち帰り、初めて民間放送ラジオで日本国民に紹介したことがある。戦時下の日本のラジオ・トウキョウ等の声である。

米国の電気通信網は、通話がAT&T系、文字・文章がウエスタン・ユニオン系に棲み分けられ、文章は電信・電報の体裁をとる。テレックスも同様だ。PONDAの文章は後者である。ページものの電送（ファクシミリ）は未発達だった。当時、電信も通話同様に、長距離電信は何度も手交換機局を経て送られてゆく。

戦争遂行に必要な情報を分析する情報・諜報機関は、たびたび名称をかえるが、戦時はOWIは受け取った文書で日本の戦争・生産・国民生活も分析した。このようにFBISはラジオ放送の傍受、機械的記録、文章化、英語への翻訳、タイプライティング、発送、内容の分析という複雑な作業を行っていた。

それには対日本語放送にかぎっても膨大な人材が必要となった。PONDAの施設は秘密扱いで常時、軍により防衛され、スタッフ以外の人間の出入りは禁止された。スペースも狭かったため、数日後には作業のための分室を作ることになった。約2キロはなれた郊外の建物を確保し、ここをPOBLUというコード名をつけた。

PONDAは1941年10月には東京からの短波放送の受信をはじめた。たとえば残存する目録によれば、10月2日だけで、20本のプログラムを受信している。ところが、まだ人材（主として日本語の内容を英訳して文書にする作業）が揃わぬとみえて、記録をみると英訳作業者に半分しか渡していない。放送には日本語のほか、前述のように英語、フランス語、イタリア語、アラビア語、ポルトガル語、スペイン語、ドイツ語、中国

MF NO.	TRANSCRIBER	RECORD	FROM	TIME	FREQUENCY	LANGUAGE	PROGRAM	CASE NO

PONDA - KENOVOX RECORDS Rec'd 10-3-41 10:20 p.m.

MF NO.	TRANSCRIBER	RECORD	FROM	TIME	FREQUENCY	LANGUAGE	PROGRAM	CASE NO
10-2-41								
8142		1517	JZJ	1426-1600		Jap,Eng	Music, Commentary	100
8143		1519	JZJ	1701-1736		Jap.	Talk, Music	100
8144		1518	JZJ	1630-1703		Fr,Jap.	Talk, Speech or Story, Music, Talking.	100
8145		1520	JZJ	1734-1808		Jap,Eng.	Music, News.	100
8146		1521	JZJ	1806-1830		Eng.	News, Music, End of Trans,	100
8147		1523	JLG4	2033-2102		Ital. Arabic	Talk, Music, Talk, Music, Woman talk.	100
8148		1522	JLG4	2005-2035		Jap.	Talk, Music, Talk(News)	100
8149		1524	JLG4	2100-2132		Arabic German	News(WomanTlks), Man Tlks, Music, Talk.	100
5125,26,27,28 delivered to Transcribers.								
10-3-41								
8150		1500	JLG4	0000-0032	15105	Jap.	Talk, Music.	100
8151		1502	JLG4	0102-0134	15105	Port. Span.	News, Music, Talk.	100
8152		1501	JLG4	0032-0102	15105	Jap, Port.	Dialogue, Monologue, News.	100
8153		1503	JLG4	0134-0205	15105	Span. Eng.	News, Music, Music.	100

図3　PONDA が傍受した初期の日本からの放送
（もっとも古いかどうかは確認できない）。1941 年 10 月 3 日

語などがはいっている。ラジオ・トウキョウがアジアなど世界の国民に向けたものだ。「マレー語？」という注釈もあってどうやら訳せなかったようだ。のちには、広東語、マンダリンなども加わる（図3）。

　問題はやはり人材だったのである。

　研究作業は傍受、音声の文書化、日本語から英語への翻訳、分析という高度な作業、それぞれに高い能力が要求された。それ以外に、エンジニア、タイプライティング、送達といった技能・技術者、それに守衛、自動車運転手、雑用の労働者も求められた。情報・諜報の職場のため誰でもよいというわけにゆかなかった。とくに翻訳や分析者である。ナチスからの直伝放送の翻訳、分析には比較的人材は得やすかった。ドイツ文化圏からの移民は多かったし、ユダヤ人、社会主義者などナチスに追われての難民、亡命者も多く、激しい反ナチ精神が確認できた。

　しかし日本からの移民は事情が違っていた。日系人は普通の移民労働者やその子孫で、亡命者といわれるものはごく少数のコミュニストな

ど限られていた。そのため、日本語翻訳者、日本事情の分析者のリクルートには厳しいハードルがあった。FBISの資料によると、PONDA設置当初、3人の日系人を採用したとある。一世でなく、日本人の血と文化をひく二世で、アメリカ市民権を持つ者たちだ。一世の左派系人もMIS（陸軍情報部隊）に協力するが、限られた部署である。一例が1943年OSS（戦略諜報局）の対日ビラ散布に協力を要請された芳賀武などだ。PONDAのなかで、名前のわかっているのは、ベアテ・シロタだ。その他日本語を理解することのできる人材を募集して100人に面接したが、米国への忠誠問題などでパスしたのは6人だけ、それもいざ採用しようとしたら、FBIS以外の機関に横取りされた、と記録にある。

　PONDAの日本語の翻訳部門の副主任をしていたマリー・ミューガーによると、174人の二世をインタビューし、うち100人をテストしたところ、適格者が減少して5人になり、実際は4人の採用となった（前掲、J.ループ報告書）。筆者も、収容所にいた日系人のひとりと会った際、FCCやFBISの係官が出向いてきて召集をかけてきたが、なにか秘密めいたものを感じて、応募しなかったと語っている。当時の日系人二世はむしろ第100大隊や442連隊のような戦闘部隊への志願を望んでいたからだ。

　米国への忠誠心に問題なく、日本語の堪能な日系人を集めるうえで、競合した組織としてVOA（「アメリカの声」アメリカ政府の海外向けラジオ放送）が前後して設立された。日本のラジオ・プロパガンダに対抗するラジオとしてのVOAは、1942年3月、カリフォルニア大学バークレイ校のプレスビルのスタジオで創られた番組プログラムをKGEI局にリレーして、放送をスタートさせた。これには当初から4人の日系二世が関与していた。

　この組織を率いたのはチトセ・ヤナガ博士で、1944年までに「日本語デスク」の20人をこえるスタッフを指導した。後の話だが、当初は日本語学習の人員がたりず、ボルダーの海軍日本語学校に助勢を求めた。PONDAと異なり、こちらはOWIからの英語の台本をうけとり、日本語訳の番組にしてオンエアした。ユタ州の収容所にいた一世が募集に応じて台本を読む仕事をしたが、実際の自身の声を耳にする機会はなかったという。また、日本語サービス・グループのトップになるフランク・

ババは「当初、なにを、どうしたらよいか、判らなかった」と述べている。このグループには職業的な海軍情報将校出身である E.M. ザカリアスがおり、日本人指導層との広い交際があったことが役立った。ザカリアスの 1947 年に出版した『シークレット・ミッション』（土屋道夫訳「密使」）は対日秘密交渉と海軍諜報部隊を描いてよく知られている。

1945 年の戦争終了時には VOA は毎日 200 本のプログラムを放送、日本関係は 4 人の放送担当者がいて、毎日 48 本のプログラムを送出していた。

PONDA や軍から送られてきた英訳の放送内容等を分析するのはさらに大変であった。二世は日本語ができても、日本の現状を知っているわけではない。何人かの日系スタッフの名前はわかる。前述のチトセ・ヤナガは、カリフォルニア大学を卒業したあと海軍日本語学校にすすみ、OWI の日本語スタッフになる。サトル・スズキはハワイ出身、明治大学に留学経験があり、ハワイ大学の院生だった 1941 年に FBIS に加わっている。彼らが、初期のスタッフだが、膨大な日本からのラジオ・プロパガンダを分析するには勿論不足するので、白人のスタッフを集める。こちらがむろん本筋で、日系人は補足だったろう。

PONDA に、スタート時どんな白人がいたのかというと、日本に駐在したことのある新聞記者、研究者、宣教師、留学生たちであった。数人をあげる。

M.C.マッシュー：INS通信社の記者として日本で14年間勤務、日本語・中国語に堪能であった。

R.C.フィリップ：日本勤務の新聞記者。

I. ハック：彼女はイブニング・ポスト紙で働いていたが、開戦と同時に上海で抑留されていた。スウェーデンのクリプスホルム号が日米捕虜・抑留者の交換で連行されたとき、浅間丸が上海にゆき、ここで受け取ってアフリカの海岸でクリプスホルム号に引き継いでいた。この交換船で米国へ帰国したアメリカ人は次々に同様の仕事に投入される。これは日本も同様で、米国から帰国した日本人は放送プロパガンダや無線通信傍受に投入される。鶴見俊輔もそのひとりだ。

3. PONDAでの仕事の概要

　FBISは、すでにプリンストン大学の実績からドイツ・イタリアや南米の放送を傍受したり、海軍の太平洋艦隊からの間接的な情報入手で日本の情報も得ていたが、ハワイへの日本軍の攻撃を事前に察知できなかったことが、議会でも問題になった。とくに、事前の11月19日のいわゆる「ウィンドウ・メッセージ」を米海軍はキャッチし、一週間後にはこの暗号を解読していたのだ。

　早くから海外展開の多い米軍の通信能力やインテリジェンス部門の力量は抜群に高い。1924年設立の海軍インテリジェンス部門は当初将校1人、シビリアン1人の計2人だったが、1936年には将校11人、水兵、軍属10人と増員され、1941年には合わせて730人に急激に増員されていた。日本降伏時には8454人という記録だ。

　OWIには当然解読した日本の通信も届いたが、次第にFBISにも広範な日本からの情報が集中してくる。だが、PONDAが最初に日本の放送を傍受するのは、開戦直前である。なお、開戦までのこの時期、米国側がどのように受信をしていたかについては、田村・北山節郎の論文を参照されたい（田村・北山：1993）。

　開戦後も日本の国内放送、海外向け短波放送での戦況をも細かく傍受して、OWIに転送している。たとえば、米国の太平洋上の島嶼への艦船や空軍による攻撃のあと、日本の「ラジオ・トウキョウ」の海外向け放送がどう伝えたか、などだ。戦時のこと故、日米双方とも本当の内容は国民や海外のオーディエンスに伝えることはあり得ないが、それはそれとして、宣伝内容を傍受して、攻撃効果を推計することは日米ともおこなっていた。山本武利の『延安リポート』の解説等にもあるように、米軍は活動領域を広げると、その地にOWIなどの情報部門の分遣隊等を配置している。

　オレゴン州のPOBRU分室は当初、PONDA施設が手狭なため設けたが、日本からの情報が短波放送だけでなく、日本の国策通信社である同盟通信社からの海外の日本国の出先機関等へのモールス通信やローマ字化された放送などより受信し易い文章も加わり、その受信は分室で実施される

ようになった。仕事の分散である。短波放送に比して受信は簡単である。

　また、ラジオ・トウキョウの傍受はポートランドだけでは手一杯のため、サンフランシスコなどでも開始する。戦況が激しくなるに従い、OWI はより一層多くの日本情報を求める。海軍はすでに独自の傍受センターをハワイで運営していたが、日本側の東京以外のアジア各地の放送局からの放送内容を完全にカバーしているとは言い難かった。そこで、この意をくんで FBIS はサンフランシスコ近郊のウッドハイツ、スタンフォード大学から西へ 15 キロほどの丘の上に傍受センターを設けた。財政的な理由もあってか、CBS 放送が土地の篤志家から不動産その他を借りる形式であった。OWI もこれを了承、ウッドハイツの傍受記録と、FBIS の記録を統合して使用した。開戦初期は真珠湾攻撃のショックから OWI も FBIS も、情報収集に大車輪であったのだ。

　また、戦争の終末期をむかえると、連合軍が日本軍から奪い返したグアム、サイパン、フィリピンなどで、日本の中波放送も受信しはじめた。オーストラリアでは、当初から日本の中波放送の傍受には成功していた。

　これらのモールス通信や日本の国内放送は、短波放送でおこなうプロパガンダと性格が異なるが、日本の意図、国情、国力、世論を分析するうえでは、必要な情報であった。これはまた、FBIS の業務量の飛躍的拡大を意味した。「同盟通信」発のモールス通信は閣議の決定、議会の動向など、政府のオフィシャルな情報を海外の日本関係者に伝達するものであった。

　だが、その英訳はまた独特の困難さをともなった。このため、FBIS は、あらたにローマ字日本語の通訳のできる二世の募集をおこなっている。オレゴン州の POBRU で受信、英文に訳された素稿は、車で近くの PONDA まで運び、ここからウエスタン・ユニオン社のケーブルでワシントンの FBIS へ転送され、さらに OWI ほか必要な政府部局へ配布される仕組みである。

　図 4 で説明すると、国防婦人会が重爆撃機 1500 機、戦闘機 1 万機の増産キャンペーンを始めたという国内ニュース、いずれも、日本国民を鼓舞するために創作された大本営のプロパガンダの一部である。実際、これだけの軍用機を生産できる施設、資材、熟練工を供給することはこ

```
                                          12030 rj 4145

            TRANSCRIPT OF SHORT WAVE BROADCAST                          C

Station:  Tokyo, JVJ/JYE              Via Portland Cable to Washingto:
Audience: GEA                         Translator: Takeshitas
Date:  4/1/45                         Monitoring Station: Pobru
Time:  20:30 EWT
Language: Romanized Japanese
Program: Domei Press



The Japan Women's Society in 1944 began a savings campaign, whereby the
funds collected would be used to produce 1,500 heavy bombers.  It has
been disclosed that the goal has been surpassed.

The Society, therefore, has decided to continue its campaign this year
to secure funds to produce 10,000 planes to defeat our enemies, American
and England.  The savings drive will be known as the "Women's Savings
Campaign for 10,000 Planes to Defeat America and England."

                        icl 1455  4345
```

図4 「同盟通信社」のローマ字ニュースの英文化

の時期に確保する条件は皆無であったが、NHK の中波放送で広めていた。米国はこの内容をまともに受けたわけではないが、国内事情を分析するため、傍受しておいたのである。

「タケシタ」という翻訳者の名前もある。本名かどうか不明だが、このほか、この部門だけで、クシダ、ソノダ、ヤマザキ、フジタ、イセリなど 10 数名の「日本人」の名前を採取できる。日系人の語学将兵は延べ 1 万人をこえるが、大半は少人数ずつ太平洋上の島嶼、前線に配置され、日本軍の捕虜尋問や、敗退した日本軍陣地で放置された手紙や日記・軍の文書を蒐集して整理・解読する仕事で、FBIS に配属されたものは多くはなかった。

FBIS や OWI には次第に軍そのものからの情報も集約されてきた。日本軍の暗号を解読した情報も届くようになり、二世リンギスト（語学兵）といえども、このクリプトロジー（暗号）部隊の分野には注意深く寄せつけなかったものとおもわれる。

FBIS に集約され分析された日本の情報は、日報や「On The Beam」という週報で戦争最高指導部にとどけられたが、次第に配布先が増えて数十か所になった。それは、日本の情報を当面する攻撃、爆撃、侵攻な

どの不可欠な判断材料であっただけでなく、戦争の終結、日本占領、戦後の日本解体、再建、復興、新しい日本の経営などを研究・検討している各部局も必要としたのである。FBIS の周辺には、ドノバンなど占領で大きな役割を演じる人物の名前がすでに随所にみられた。

ドノバンは OSS の前身で 1941 年設立の OCI（情報調査局）のトップであった。OSS は 1945 年までつづき、やがて陸軍と国務省に分割され、1947 年には CIA となるが、FBIS はそれらの下部機関として、独自の活動を続けた。

FBIS は傍受した記録は日報として、さらにそれらの内容を統合して分析した報告を週報として、必要な政府機関等に配布したが、盛況期には、PONDA をふくむ全モニターリング・ポストで傍受対象とした言語は 40 種をこえた。

その記録等はスティムソンやハルなどの重要人物をふくめ、87 部局へ渡された。

図 5 は、各情報部門の情報量（ワード数）の流れだが、PONDA からワシントンへの送付は 1 日 1 万ワードに達した。各部門とも、戦時には、当然ながら 1 日 24 時間体制での仕事である。

4. FBIS が残したものはなにか

戦争初期に設立された FBIS は戦後、その名称を海外放送情報局として活動を続けているが、諜報部門というよりも広く各種の海外メディア、政府機関、各種団体の情報を収集整理して一部をオープン・ソースとして提供するということで機能している部分が大きくなってきている。では、「ラジオ・トウキョウ」と FBIS の 2 国間の電波の傍受・分析・研究等はいったい何を残したであろうか。

① FBIS とその出先機関 PONDA は、1941 年の日米開戦前後、ラジオ・トウキョウの傍受による、日本の戦争への方針・態度の掌握、分析からはじまった。やがて、日本に関する情報蒐集をしているあらゆる機関、艦船、基地、同盟国での取得情報の集約、翻訳、分析による日報や週報の編纂・作成と政府首脳、軍作戦司令部、諜報機関、対日戦勝利後の日

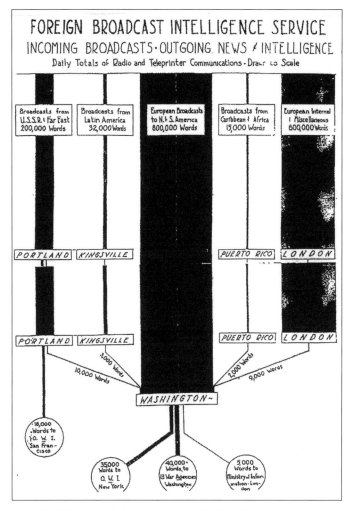

図5　各傍受等の拠点からワシントンの政府中枢部への情報の集約。PONDA からは1日1万語。(FBIS アーカイブス)

本での占領政策の立案、対日交渉のシナリオ作戦プロジェクト等への配布と広範、かつ巨大な機構に発展した。

②ラジオを中心とする新しいメディアの宣伝力に魅了されて、当時、調査や研究にたずさわった研究者たちは、戦後も仕事を続け、多くの業績を残し、コミュニケーション、メディア、ジャーナリズムの分野で

もアメリカは指導的な役割を確立してゆくことになる。ラザースフェルド、マートン、シュラム、カッツ、ベレルソンら、いずれもこの脈絡のなかの研究者である。一例がアメリカへ精神分析学をフロイドらと協力して移植したE.クリスである。クリスはウィーン生まれのハンガリー系のユダヤ人で、オーストリアがナチスに蹂躙されるや、英国、さらに米国へ亡命、前述のようにニュースクールの社会調査所の「全体主義コミュニケーション研究」プロジェクトに参加した。戦後はニューヨークの大学に在籍しながら「アメリカ精神分析学会誌」を主導した。

③このほかS. K.パドヴェールのように、ニュースクールに関係した欧州からの移民も戦時にFCCの仕事をし、軍務につき、ファシストのプロパガンダ分析に従事したあと、大学にもどり研究生活を続行した人物は数えきれない。パドヴェールには「米国の諜報将校」「民主主義の意味」など多数の著書がある。学会誌「POQ」（パブリック・オピニオン・クオタリー）にも、日本の「英米植民地の独立」にむけた住民への「反人種プロパガンダ」の内容を調査、発表している。

④ MIS（米陸軍諜報部隊）との協力関係は深くなった。とくに、日本語語学将兵（リンギスト）の教育をおこなう軍語学校では、キャンプ・スネリングなど、ラジオ・トウキョウの録音テープ等をもちいて、日本語の標準語のイントネーションなどの学習に広く用いた。語学兵への教育で困ったのはこの点だった。文法、単語の意味等は、いわゆる請義^{せいぎ}で解決したが、会話の訛りを正すのは容易でない。父祖の出身地域により、熊本弁や広島訛りもあり、母親に教育されていた二世は「おんな言葉」が根強かった。ラジオ・トウキョウはNHKが推奨する「正しい」標準語で放送していたからテキストに最良で、語学将兵の会話力の品質向上や、VOA関係者、戦後の日本占領経営の業務に「貢献」したのである。もっとも白人のリンギストは日本へ駐留して日本人女性の「市民」のなかで生活すると、とたんに「おんなことば」を習得した。

⑤日系兵士の加担。延べ１万人をくだらない二世兵士の参加。主と

して欧州の戦場で死闘した 442 部隊のような歩兵については、戦時中から華々しく報じられた。戦意向上のねらいもある。しかし太平洋戦線で活躍した MIS の二世将兵の問題はつい近年まで伏せられていた。二世兵士も、父祖の国の人間と闘ったという心理から多くを語らなかった。軍も MIS 将兵には厳しい鍼口令を敷いたし、書類は長く「機密」扱いだった。「シークレット」とか「コンフィデンシャル」のスタンプが各ページに押されていた。これらが、近年解禁になり、若干の文書が公開され、二世兵士も口を開き始めた。この論文もこれらに負うところが大きい。戦後、かれら二世兵士の多くが高学歴を得て、医師、教育者、技術者、政治家、行政マン等々の仕事に就くことになる。

⑥在米の日本人一世に与えた影響はどうか。

多数が直接、間接にラジオ・トウキョウを聞いていた。そのニュースを手書きの新聞にしていたところもあったし、「ユタ日報」のように紙面に報道していたこともある。その影響や反応については、小編「ボストン収容所の地下新聞」その他を参照されたい（田村編：2009）。

⑦ FBIS の運営で米軍は敗戦後の日本処理のなかで、日本の放送管理のデザインもえがいていた。この点は向後英紀らの研究にゆずる。また、クリプトロジーの研究も別個である。

⑧「トウキョウ・ローズ」については人権問題としては一定の解決をみた感があるが、FBIS の保存の傍受記鈷をみると、ファイルは別建てになっている。戦時中から、なんらかのスケープゴートつくりの画策があったのではないかと疑われる。

⑨英国、豪州も独自にラジオ・トウキョウをモニターし研究してきた。これに参加した研究者の研究もある。L. D. メオ「オーストラリアの対日ラジオ戦争」（ケンブリッジ大学出版局、1968 年）も一例である。

〈主要参考文献〉

山本武利『ブラック・プロパガンダ——謀略のラジオ』2002 年、岩波書店。
山本武利・高杉忠明「延安レポート——アメリカ戦時情報局の対日軍事工作」2006 年、岩波書店。

田村紀雄・北山節郎「ラジオ・トウキョウと FBIS」「東京経大学会誌」184 号、
　　　1993 年 11 月。
田村紀雄「日米開戦前後のラジオ・トウキョウと米同の傍受事情」「東京経
　　　大学会誌」160 号、1989 年 3 月。
田村紀雄編「ポストン収容所の地下新聞 1944 年 11 月〜 1945 年 9 月」芙蓉
　　　書房出版、2009 年。
北山節郎「ピース・トーク──日米電波戦争」1996 年、ゆまに書房。
向後英紀「GHQ の放送番組政策──CI&E の「情報番組」と「番組指導」「マ
　　　ス・コミュニケーション研究」66 号、2005 年。

あとがき

「コミュニケーション」学の発見

「コミュニケーション」と「コミュニケーション学」の発見は20世紀に人類がなしえた業績の一つだったと思う。17世紀から18世紀にかけての「社会」の発見と「社会学」の成立、14世紀から17世紀にかけて「経済」の独自性への注視と「経済学」の誕生などと比肩されうる学問の地殻変動であった。

「コミュニケーション」という用語が学問の対象として浮かび上がってから1世紀にもならないのに、日常会話のなかにまで持ち込まれている。この名を用いた書物さえ数えきれない。したがって、その定義も数知れない。その定義、モデル、活用は、その命名者の学問や経歴のバックグラウンドによってもことなる。たとえば、E. サピアやM. マクルーハンのような言語学者から、山田宗睦のようなマルクス主義哲学者まで独自の定義をおこなっている。

定義が多数であるということは、コミュニケーションの概念が不確か、ということだろうか。いや、そうではない。この概念がもつユニバーサル性のためである。また直接には、コミュニケーションのモデルが幾種にも描かれ、いずれも有用であることによる。それは、コミュニケーションに不可欠なメディア、チャンネル、回路、ネットワークなどの「道具」が技術革新により変化を終わることがない、ということにつきる。

わたしは、概念モデルをかえてきた技術革新を指摘したことがある（田村紀雄『コミュニケーション―理論・教育・社会計画―』1999年、柏書房）。W. リップマンからG.H. ミードにいたるコミュニケーション学研究者の定義から、コンピューターのコミュニケーション過程への介入にいたるまでの変化を概説した。重要なことは、19世紀に「みえなかった」コミュニケーションを人々は発見したという共通性である。

これは新星の発見、植物の新種発見とわけが違う。肉眼でなく、人々の思惟のなかで20世紀になってみえたのである。17世紀になり「社会」が見えるようになったのと同様である。

167

「コミュニケーション」というのは、この世を構成する、もの（物質）、エネルギーの「三種の神器」の一つだ、といった人がいる。これなくして世界は成り立たない、というわけだ。コミュニケーションというと新聞やテレビをすぐ思い出すが、じつは情報、記号、感情、遺伝子、電気通信、パンデミック、パニック、風聞、デマ、伝統、プロパガンダ、流行などすべて、なにかを伝わってひろがる。われわれは、その何かをメディアとか、企業とか、社会組織とか、人間そのもの等に求める。

わたしの中の「コミュニケーション学」

わたしたちは、しらずしらずに、そのコミュニケーションを「流行」「読書」「伝染病」「難民」「選挙」などのなかで話題にしてきた。大学でも「ジャーナリズム論」「アメリカ文学」「科学史」「福沢諭吉論」「市民運動」「現代小説」などのトピックやシラバスのなかで語られてきた。

わたしも、大学の講義で「コミュニケーション論」を担当してきたが、コミュニケーションという抽象的な概念そのものだけを展開しているわけでない。ときに雑誌ジャーナリズム、NTT の民営化、移民問題、平和運動、人権蹂躙批判などのトピックスを借りながら紐解くこともあった。このように何かを媒介にして語ることもコミュニケーションの一形態だ。

それでも、研究者として訓練を受けた東京大学新聞研究所時代、いくつかの大学での講師時代、そして定年まで専任教員としてすごした東京経済大学時代。研究や教育のため派遣されたアメリカ、中国その他の大学での研究教育のいずこでも「コミュニケーション学」とはなにかを座右においての学問であった。

とくに 1971 年から 1973 年にかけて『東京大学新聞研究所紀要』（第 20 号ならびに第 21 号）に「農民運動とコミュニケーション」と題する長文の研究論文を発表した。またこの期間、「コミュニケーション」と名前のつく著書や論文を何点も世に問うた。だが、50 歳代の後半、最後の勤務校になった東京経済大学で「コミュニケーション学部」の設置を命じられた時、事態は急転した。この日本で最初の学部を開設するとなると、いかに多くの関門をこじ開けなければならないか。精神も

肉体もすり減らしたことか。これも研究者としての天命だったかもしれない。

「コミュニケーション学とはなにか」を、当の大学の同僚たちに系統的に説明しなければならない。大学理事会、同窓会、そして難関の文部科学省（当時の文部省）、そして受験生を送り出す父母や社会等々だ。卒業生の進路先も含まれるが、ここではこれ以上はふれない。興味ある方は、当時、おびただしい文書を書いたので、そちらを参照していただきたい。

だが、わたしとしては、「コミュニケーションとはなにか、学となったのはどういう道筋か、日本にはどのように持ち込まれたか」等をまとめる必要を自覚した。

新学部は数多い関門を通過して予定どおり認可、開設されたが、その準備の段階で、欧米諸国の大学の先進例が大いに参考になったことはいうまでもない。学部開設と完成、つづく大学院の設置で10数年を費やして本書の基礎的構想がうまれた。

新学部創設のために、調べてみると、1980年代現在の数字だが、アメリカでは実に600大学で、コミュニケーション学部が設置されていた。これは、全米大学の実に20%、ここに1万7千人以上の専任教員が配置されていて、コミュニケーション理論や歴史、ジャーナリズム、放送、広告広報、テレコムなどの授業を担当していた。この教員を生産するため20%の大学に大学院を設置、4%に博士課程が設置されていた。

じつは、このあともジャーナリズム学部をコミュニケーション学部に改造したり、あらたに設置したところが現れている。日本でも、わたしたちが最初の「コミュニケーション学部」の開設に成功すると、翌年から設置する大学が急増、学部、学科、コースとして講義をひらいている大学は数十になる。単独の「コミュニケーション論」としてカリキュラムにのせている大学はぞえきれない。

これほど、拡大したコミュニケーション学部も実は1945年にアイオワ大学など数学部に開設したばかりなのだ。コミュニケーション学という学問をニューヨーク大学などが開設したのはつい数年前だった。

本書（第八章）で明らかにしたように、コミュニケーションという概

念が学問のなかに取り入れられるようになったのは第1次世界大戦と第2次世界大戦でのファシズムによる大規模なプロパガンダである。デマ、中傷、敵愾心、人間性無視の情報操作・大量運用により、戦争が強いられたことへの科学的、思想的、人間的な研究が生まれた。ここから主としてアメリカの伝統的な大学や研究機関に「コミュニケーション学」が芽生えた。大事なことは、この非常時の研究に特定の社会科学だけが動員されたわけではない。社会学者だけであったら「メディア社会学」のように、政治学者だけであったら「メディア政治学」になっていたかもしれない。

あらゆる分野の研究者、専門家が集められたのである。また、ヨーロッパからの亡命者、移民が参加し、国境、人種、文化等をこえて力を注いだ。かくて、第2次大戦末期にニューヨーク大学などに「コミュニケーション学」の萌芽が芽生え、戦後すぐいくつかの大学に「コミュニケーション学部」が開設された。諸自然科学の結集としてアメリカに核科学、精神分析学、サイバネティックス、その他かずかずの学問に強い変革ももたらした。

ルイス・A・コーザーの『亡命知識人とアメリカ』（荒川幾男訳）は、その影響の広さと深さをまとめている。「コミュニケーション学」でいえば、決定的に大きな役割を担ったポール・ラザースフェルドは計量的な方法論を社会学に持ち込んだが、ナチスに追われたユダヤ系知識人として、何十人という異質の研究者をまとめ、新しい境地を開拓した。

日本へ持ち込まれてから40数年

「コミュニケーション学」は、敗戦で焦土と化した日本にいち早く持ち込まれていた。国土だけでなく、大学も、知識人も、学問もずたずたであった。そこへ生まれたのが「思想の科学研究会」だ。その呼びかけ人になった鶴見和子・俊輔の兄弟は、戦時下、中立国スウェーデンの商船クリプスホルム号で米国から帰国していた。船は戦火の太平洋を避けて、大西洋・インド洋・南シナ海と遠回りしての航海だったが、これには開戦で帰国できなかったり、抑留されていた外交官、ジャーナリスト、大学人などの民間人が乗船していた。鶴見姉弟は、帰路、

170

終戦後の研究会設立の構想を語り合っていたのだ。

ふたりは、戦後早速、丸山真男ら7人で、研究会をたちあげ、雑誌『思想の科学』を創刊する。雑誌社名は「先駆社」とし、日比谷公園の一角に間借り、発行人に講談社にいた天田幸男、初代編集長に井口一郎が着任した。いずれも、鶴見祐輔、俊輔父子と個人的な付き合いの人物であった。天田、井口、鶴見俊輔いずれも、とりあえずの仕事を模索中であった。

本書を構成する一章から六章までは、東京経済大学コミュニケーション学部の紀要『コミュニケーション科学』に発表したものだが、数年に1回という間隔のため、連載という形式をとっていない。

このうち、井口は満州の建国大学にかれなりの夢をもって着任したが、敗戦と満州国の瓦解、かれも進入してきたソ連軍により帰国できず、漸く祖国の土を踏んだばかりであった。鶴見俊輔に助けられるかたちで編集長になったが、もともと新聞記者出身の学者で語学に優れ筆もたっていたので、おりから新鮮な理論であった「コミュニケーション学」をすぐさまマスター、この理論を雑誌で展開することになった。

井口はこの新しい学問の伝道師になったが、戦争に敗れたといえ日本の社会はこの寡黙な伝道師を温かく迎え、その説教に耳を傾けたわけではなかった。学問全体が変わってゆくのにはもっと日本の構造的な変化が必要だったのだ。欧米では、戦後いち早くW.シュラムら学問の導師が精力的に新しい学問として「コミュニケーション学」の普及をはかった。シュラムは、米国の大学だけでなく、シンガポールにあった途上国をまとめる研究センターに赴任し、ハワイ大学に併設されていたイースト・ウェストコミュニケーション研究所をリードし、日本・韓国などのアジア諸国に熱心に普及した。このシュラムから影響をうけた日本人は数多い。

わたしは20数年を費やしてコミュニケーション学の日本への着床過程を明らかにする研究を続けてきたことになる。ひとつの課題におおくの歳月を費やしたのは、わたしが学内の多忙で困難な業務に携わったこともあり、定年をむかえて研究環境がかわったこと、家庭の事情などあったが、それ以上に対象の複雑さにあった。

対象課題のキーパーソンである井口一郎に不明の点が多く、また第2次大戦をはさんだ資料の散逸、関係者の四散、なによりも敗戦によるシステムや引き継ぎの崩壊があったからだ。

　とくに井口の影は薄かった。またカタチのうえでは、井口も、わたしの私淑するR.パークも、鶴見俊輔も「ものかき」(ジャーナリスト)の生活を経ている。いやこのような学者の人生プロセスは、日本も各国のアカデミズムにも色濃い。本書の解説を担当した山崎隆広氏も出版界から大学人に転じたひとりだ。

　問題は井口にみられる戦時をはさんだ思想的転回だ。日本の学問の相当部分は同様の困難さに直面してきた。海外にのがれていた少数の学徒をのぞいて。戦後、戦争にながされた大部分の研究者は少数をのぞいてうやむやになった。

　井口とわたしとは、世代もちがうが基本的に別のものがある。わたしは、戦時に国策に与してないし、すくなくとも戦後一貫して戦争やファッシズムに反対する側に組してきた。

　世界が不穏になればなるほど、この思想的な立ち位置は重要なのだ。コミュニケーション学の成立事情がこのことを教えた。

　本書に掲載の文章のうち、第8章は学会誌『インテリジェンス』19号に、第2章から第6章は紀要『コミュニケーション科学』に初稿を発表、他は、書き下ろしである。出版に際しては社会評論社の松田健二氏と板垣誠一郎氏が引き受けてくれ、解説を山崎隆広氏にお願いした。その他、井口一郎の子孫、鶴見俊輔、多数の方にお世話いただいた。記して感謝したい。

2025年1月吉日

田村紀雄

解説

井口一郎・鶴見俊輔・田村紀雄

日本における「コミュニケーション学」の成立と
「オルタナティブ」という思想

山崎隆広

1. はじめに：本章の目的

　本書は、近代日本の民衆の生活史、マスメディアに依らないガリ版や小さなローカルメディアの生態、そしてカナダをはじめとする海外日系移民たちの土着と包摂の過程や言論の歴史についてのフィールド調査など、数多くのコーパスや課題に対する研究を続けてきた社会学者・田村紀雄による、日本におけるコミュニケーション学の誕生と定着の過程を論じた研究の書である。コミュニケーション学は、シカゴ学派の社会学、田中正造の社会運動などをはじめとする民衆の生活史[1]、コミュニティ・メディア、移民問題研究などとならんで、長年田村の問題意識を貫き、また包含してきた重要なディシプリンであるが、学問としてのコミュニケーション学の成立を総括的に論じた著作は、田村の数多い書目リストにも存在していなかった。その意味でも、本書は、これまでの田村の著作群のミッシングリンクを埋める貴重な存在といえる。

　そもそもコミュニケーション学はどのようにして生まれたのか。なぜ、日本では導入が遅れたのか。そして、田村はどのようにこの学際的な学問領域に関わっていくことになったのか。長きにわたる田村の研究の歩みの全体をこの限られた紙幅で網羅、俯瞰することはもとよりできないが[2]、本稿では、上記の問題意識を下敷きにして、田村がその確立に取り組んだコミュニケーション学というディシプリンの日本における成立過程について、本書の内容に沿いながら、またあわせてこれまでの田村の研究の道行にも触れながら、考察していくこととしたい。

2. コミュニケーション学の発生

本書序章で田村が書くように、米国でコミュニケーション学が誕生する直接的な契機となったのは、20世紀はじめのナチス台頭への対抗であった。この時代に、ハロルド・D. ラスウェルのプロパガンダ研究などを嚆矢として、コロンビア大学やスタンフォード大学などのポール・ラザースフェルド、ハドレー・キャントリルほかメディア研究の学説史を学ぶ者なら誰もが知る重要な研究者たちが集められ、対独プロパガンダ研究が進められていく。メディア論、メディア史研究にまつわる他の例にもれず、コミュニケーション学もまた、戦争を契機として生まれ、育ったディシプリンであった[3]。中でも田村が注目するのはラスウェル、ラザースフェルドらに学んだウィルバー・シュラムで、そのシュラムが第2次世界大戦終結後まもない1948年に、イリノイ大学に「コミュニケーション学研究所」を開設したのが、大学機関でコミュニケーション学研究の名を冠された最初のことであるとされる。対独戦争を契機に要請されたコミュニケーション研究という国家的なプロジェクトの萌芽の現場には、必然的に、政治学、経済学、社会学、心理学など、様々な学問領域の俊英たちが集うことになったのである。

このような誕生の背景をもつコミュニケーション学というディシプリンに、高度経済成長が本格化し、テレビというニューメディアが飛躍的に受信契約を増やしていく1960年前後の時代、つまり人々のコミュニケーションのありかたが大きく変わろうとしていく時期に、大学カリキュラムを通してだけではなく、在野のフリーライターとして企業の社史や広報記事の執筆に携わり、複合的なまなざしから文化や社会をとらえる作法を身体化していった田村が傾倒していくのは、これもある意味当然なことであった。

コミュニケーション学を「ひとつの学派、方法、（ディシプリン）経験にとらわれず、それらを横断、化合させあたらしい境地に達した典型例」（本書5頁）だと見做す田村が、日本でみずからその学問の名を冠する学部（東京経済大学）を立ち上げるのは、シュラムがイリノイ大学にコミュニケーション学研究所を立ち上げてからおよそ半世紀を経た1995年のことである。日本の敗戦から50年となる20世紀の掉尾に、また米国

でのコミュニケーション学の誕生からおよそ半世紀のタイムラグを経て、日本に「コミュニケーション学部」が生まれる。その現場の責任者として、田村は居たわけである。

3. 井口一郎と田村紀雄の「相同性」

　第2次大戦後、日本でコミュニケーション学が導入される上で重要な役割を果たしたのが、本書のキーパーソンとなる井口一郎である。本書第1章で詳述されているように、20世紀の幕開けとなる1901（明治34）年に金沢に生まれた井口は、時代的には「大正教養主義」のさなかの時期にあたる1919（大正8）年に第四高等学校に入学、1925（大正14）年に東京帝国大学法学部政治学科を卒業し、同年、徳富蘇峰が創刊したことで知られる『国民新聞』に入社する。東大在学中には「新人会」に参加していたという経歴からも、少なくとも教養としてのマルクス主義思想[4]の洗礼を通過した世代の人物であったことは想像に難くない。

　しかし、新人会時代の井口について目立った活動の記録は残されていない。特高警察に監視されたこともありながら、「立身出世」を目的として社会運動に参加したという様子もない。社内抗争の結果、井口は蘇峰を追うように『国民新聞』を辞した後、1931（昭和6）年には『大阪時事新報社』に籍を移すが、2年後には病気のため同社を退職、しばらくは上智大学新聞学科の非常勤で新聞学や政治学を講じていたという。

　この時期、井口一郎は、のちのキャリアに決定的な影響をおよぼすふたつの出会いをすることになる。ひとつは、台湾総督府民政長官、南満洲鉄道初代総裁、東京市市長などを務めた後藤新平の伝記編纂の仕事である。1929（昭和4）年の後藤の死後、後藤の女婿である鶴見祐輔が伝記執筆の役割を担うことになり、それを実務作業者としてサポートする3人のうちの一人として、井口が指名されるのである。のちに『思想の科学』を創刊する鶴見俊輔の父である鶴見祐輔との出会いである。日々事件と記事の執筆に追われる新聞記者の仕事と異なって、伝記編纂の仕事は井口に研究者としての欲望を生み出したのではないかと田

村は指摘する（本書第1章）。

　井口一郎にとってのもうひとつの重要な契機は、小野秀雄との出会いである。東大に新聞研究所を作りたいという構想をもっていた小野も、井口同様に元新聞記者であったが、井口の先輩にあたる小野との知己によって、1936（昭和11）年、東京帝国大学文学部新聞研究室の有給研究員（第二期）に任じられることになったのである。不安定な非常勤の仕事だけでなく、パートタイムとはいえ定収入を得ることが出来、自由な研究環境を得られたことは井口にとって経済的、心理的にも大きな助けとなった。この時期の井口の研究、そして1938（昭和13）年に鶴見祐輔を中心に設立された国策機関「太平洋協会」[5]に弘報部次長として迎えられたという井口の活動についての詳細は、本書の田村の分析を参照されたい。しかし、ここでわれわれが直ちに気づくことは、井口一郎と田村紀雄が研究者として研鑽を積んでいくプロセスにおける「相同性」（ブルデュー）である。つまり、井口も、田村も、研究者としての転機に、鶴見家あるいは『思想の科学』、そして東京大学の新聞研究所への採用というふたつの共通するエレメントに出会っていたということである。

　田村紀雄は、1934（昭和9）年、群馬県前橋市に生まれる。家庭の経済的事情から高校卒業後少し遅れて法政大学に入学し、卒業後は関西学院大学の大学院社会学研究科に研究生として学びながら、フリーランスのライターとして活動する。複数の編集プロダクションや無記名の記事を書き続ける中で、田村の存在が研究者たちの目に留まったのは、『思想の科学』1965（昭和40）年2月号に掲載された「ローカル紙の生態」という論文だった。のちに本人も自分が東大で研究者になるきっかけは『思想の科学』だったと述懐するように（田村2020：10）、地域のメディアを「ナマコの眼」で見つめるような田村の論文が評価され、1966（昭和41）年、東大の新聞研究所に助手として採用される。教授は日高六郎、助教授は香内三郎という陣容の講座制のもと、自由な空気の中で研究に励んだという。その頃、田村の中にはまだ「コミュニケーション」というタームがはっきりとあったわけではなかったというが、その後の田村の研究につながっていくコミュニケーション学

というディシプリンに接近していく環境は、既にこの当時から整い始めていた（田村 2020：14-21）。

井口一郎が東大新聞研究所に着任したのが 35 歳（1936 年）、田村紀雄が同研究所に着任したのが 32 歳（1966 年）。ともに 30 代、鶴見家もしくは『思想の科学』の存在を直接的、間接的に媒介としていた。戦中そして戦後の日本におけるコミュニケーション学の生成と発達の現場には、東大新聞研究所と『思想の科学』が存在していたということである。

4. 建国大学への着任から敗戦、そして『思想の科学』との出会い

再び話題を本書のキーパーソンである井口一郎に戻す。東大新聞研究所に職を得た井口にとって次なる大きな転機となったのは、1943（昭和18）年の建国大学への教授就任である。建国大学は、1937（昭和12）年 8 月 5 日、満洲国国務院の決定に基づいて開学された。本書第 2 章で詳述されている通り、「建国大学は、満洲国立大学ではあったが、その成立の後押しは、満鉄（南満洲鉄道株式会社）であり、日本軍（関東軍）や軍部であった」(本書33頁)。学長は満洲人の国務総理大臣が就いたが、教学の実権を握っていたのは副学長の日本人（初代は作田荘一京都帝大教授）だったという。帝大卒のエリートや開拓民たちなど、様々なバックグラウンドを持つ人々が大挙して集った当時の満洲という地に、井口は東大新聞研究所研究員、上智大学講師、太平洋協会調査局員などの職を辞して教授として赴く。田村が推察する通り、井口がそのポストを得るにあたっては、それまでの後藤新平の伝記編纂や太平洋協会との縁があったことは想像に難くないが、井口にとっては初めての専任の教授職という念願の知遇であったことだろう。井口は、その新設大学で「政治制度論、国際政治論、弘報論、新聞政策論」など自身が専門とする科目を担当することになる。田村が指摘するように、まさに現代でいえば「コミュニケーション論」とも称せられる科目群である。それまでに井口が学んできた地政学や太平洋協会での知見を実践するには、満洲そして建国大学というマルチ・カルチュラルでエスニックな環境は、格好の場であった。

井口の建国大学における教育と研究内容の詳細は本書を参照されたいが、井口が研究者として抱いた「理想」は長く続くことはなかった。日本の敗色濃厚の中、1945（昭和20）年になると若手の教員たちも次々に関東軍に一兵卒として入隊させられ、軍の指示のもと、大学周辺の要塞化や塹壕化に駆り出される。そして同年8月9日には、ソ連軍が国境を突破して侵入、同月15日、敗戦の詔勅を迎える。井口の自宅も40数回にわたってソ連軍の襲撃を受け（本書70頁）、井口が大陸から引き上げてきたのは敗戦から1年後のことであったという。

5. 『思想の科学』編集長に就任

日本の敗戦から1年後、満洲から帰国した井口一郎が頼ったのは、鶴見俊輔の家族だった。後藤新平の伝記編纂、太平洋協会弘報部次長などの役職の経験や、鶴見父子の海外旅行に世話役として同行した関係性などを考えれば、きわめて自然ななりゆきだろう。『思想の科学』は、1946（昭和21）年5月[6]、旧太平洋協会の出版部門「先駆社」を版元として創刊されるが、敗戦からまもないこのタイミングで、小冊子とはいえ新雑誌を刊行するができたのも、鶴見たちが戦中から長く創刊への思いを温めていたことに加えて、旧太平洋協会という後ろ盾があったことは確かだろう[7]。

安倍能成、志賀直哉、武者小路実篤、山本有三、和辻哲郎、田中耕太郎、谷川徹三らを中心とする「オールド・リベラリスト」よりも一世代若く、当時新進の研究者であった丸山眞男のように『世界』などとも執筆者も重なることが多かった『思想の科学』というメディアが、編集発行人として井口を迎えるのは、創刊から1年あまりを経た1947年10月、第2巻1号のときのことだった。その翌月号そして翌年1月号の誌上において、井口が前年米国で刊行されたばかりのラスウェルらによる著作『プロパガンダ、コミュニケーションそして世論』（プリンストン大学出版部）を「コミュニケイション序説」の中でいち早く紹介したことは特筆すべきことだろう。その内容の詳細については本書第4章を参照されたいが、田村によれば、井口の「序説」は、コミュニケーションを「ひとびと相互の結びつきについての方法論を学問的に確立し、

この方法論を提げて、世界の新しい建設という問題」（本書84頁）に立ち向かうと定義するものだった。田村も指摘するように、「世界の新しい建設」という定義の難しい問題系をめぐって、そして第2次大戦時、民主主義という価値観をファシズムから守るために米国で立ち上がったのが、「コミュニケーション学」のルーツであった。

　精神分析、記号論理学、プラグマティズムなど、欧州のファシズムとの闘いを経験した米国の研究者たちが20世紀のはじめに展開させた学問が、終戦後、鶴見や都留重人、そして井口たちによって「新しい新聞学」として『思想の科学』誌上でも積極的に紹介されるようになる。ラスウェルらの展開した米国のコミュニケーション学を日本に導入する過程において、まさに「知の輸入業」の責任者のようなポジションに、井口一郎は居たのである。

6. その後の『思想の科学』

　井口一郎が『思想の科学』の編集長を務めたのは、1947（昭和22）年10月発行の第2巻1号から、1948年4月発行の第3巻第4号の短い期間でしかない。頑丈とはいえなかったとされる体調ゆえなのか、他の仕事が多忙となったからなのか、その理由は定かではない。井口が『思想の科学』編集長を辞してから10年後の1958（昭和33）年に中央公論社から出版された鶴見俊輔の『アメリカ思想から何を学ぶか』は、その前年に死去した井口に捧げられた著作である。巻頭目次前の頁には「井口一郎氏に」との言があり、「あとがき」は鶴見による次のような言葉で締め括られている。

　　　昨年の4月6日に、井口一郎氏がなくなられた。井口氏は、『思想の科学』第2巻第1号から第3巻第4号までの編集長だった。私は子供の時からお世話になっており、残念な記憶が多い。この本を井口さんにささげる。

　　　1958年3月9日

鶴見俊輔

　1901（明治34）年生まれの井口は、1922（大正11）年生まれの鶴見より21歳年長ということになる。父、祐輔の指名を受けて祖父、後藤新平の伝記を編纂し、また父子の海外旅行の「お世話係」も務めた。満洲からの帰国後、経済的に困窮した折には鶴見家に助けを求めた。戦後、鶴見たちが創刊した『思想の科学』の前身には、戦時中、井口が所属した太平洋協会の先駆社がある。互いに浅からぬ恩義を感じ合う関係性であったといえる。

　しかし、戦後間もない時期に井口が『思想の科学』誌上の「コミュニケイション序説」で紹介した当時の米国の最先端の価値観は、それから9年を経て発表された鶴見の「現代アメリカのコミュニケイションの諸相」（『アメリカ思想から何を学ぶか』に収録）と題された論文では、もはや手放しに肯定されてはいない。鶴見によれば、「米国のコミュニケイション・ヒェラルキーの基底部には、広告という分野がおかれている。広告は、それ以外の諸分野にしみわたり、たとえば政治をアメリカ的なものとし、科学をアメリカ的なものとし、小説をアメリカ的なものとする力となっている。広告の原理を考えることは、アメリカ型コミュニケイション全体の特徴を考えることに手がかりをあたえる」（鶴見 1958：20）ものとされている。広告がアメリカ国民のコミュニケーションの主要な形成因となっているのは、アメリカが他の国におけるような「伝統の重荷」をもたず、「より純粋に資本主義の文化を持ち得たから」だというのである。

　鶴見によれば、そのような「アメリカ型コミュニケイション」に対して、「日本型コミュニケイション」においては、広告は、大衆小説や流行歌、漫才などに浸透したに過ぎず、政治、科学、文学からは遠い場所にあるという。

　　…日本のコミュニケイションの諸領域を全体として考える場合、それらのやしないとなり、ささえとなり、それらを特徴づけているのは、家族内のやりとりである。もっとも日本的といわれる諸

様式、俳句、和歌、私小説、生活態度、生花、盆栽、茶の湯などは、すべて、それらが家の中でおこなわれる「あれをちょっと……」式の寡黙な以心伝心的コミュニケイションを原型として派生した、という意味で同根的である（鶴見 1958：27）。

　21世紀、いまや生活様式のほとんど全てが広告モデルと潜在的につながり、「アメリカ型コミュニケイション」がすみずみまで行き渡って、〈アメリカ〉化が完成した日本社会に暮らすわれわれにとって、鶴見の指摘には今昔の感を覚えざるをえないことは確かだが、明らかに「限界芸術論」を想起させるような鶴見の言葉からは、「アメリカ型コミュニケイション」をまるで目指すべき手本のように無批判に受け取るのではなく、むしろ逆に日本に住むわれわれにとってのオルタナティブを検討するべきという主張を、強く感じ取ることができる。

　　コミュニケイション研究が、20世紀の米国に生れたことは、偶然ではなかった。その特殊な歴史的事情のうちに胚胎し、その特殊な技術的、経済的条件を通じて今日の高みに至るまで成長して来たことについて、私たちはコミュニケイション研究を祝福すべきである。しかし、今から、コミュニケイション研究は、それを方向づけた米国の利害から自由になるほうが良い。コミュニケイション研究は、今からは、アメリカの政策科学であることをやめて、相互的な文化交流の方向に進み、そうすることによって、国際的な目標に奉仕しうるものにかえられることがのぞましい（鶴見1958：29、傍点引用者）。

　鶴見はこのように述べ、「アメリカ型コミュニケイション」が、(1)コミュニケイションによる意味の共通化のみに重点をおき、ディスコミュニケイション、すなわち意味のズレのもつ積極的価値に意義を認めなかったこと、(2)サイバネティックス（ウィーナー）研究によって人間機械論の視点が復活したことは進歩だが、機械による通信方法に重点が置かれ、会話や身ぶりなどの分析を忘れ、機械による通信から

人間の身を守ることを忘れていること、(3) 権力の側からなされる赤狩りなどのコミュニケイション障害を、コミュニケイション研究の課題として取り上げていないことなどを挙げて、「アメリカ型コミュニケイション」から脱却した「日本型コミュニケイション」の研究を進める時であることを強く訴えるのである。

　この文章が書かれた1950年代後半は『思想の科学』の第三次（講談社版）から第四次（中央公論社版）に移行する時期にあたるが、井口一郎が編集長を務めていた戦後まもない時期の思想の「輸入業者」であった頃の誌面とは、既に大きく様相が異なっていたのである。終戦直後にアメリカから伝わった「輸入学問」であるコミュニケーション学がそのまますんなりと日本に普及していったわけではなく、いわばその「土着」の過程での葛藤があったことが、日本におけるコミュニケーション学の成立に時間を要した要因のひとつであったことを感じさせる文章である。

　田村紀雄は、『日本のリトルマガジン』の中で『思想の科学』について論じ、1968年版の『思想の科学』の「趣旨と活動」という原稿に触れて、おそらく鶴見が書いたと推察される「海外新思想の紹介という仕事は、戦後の空白期においてのみ存在理由をもつことができた」という言葉や、第一次『思想の科学』の集大成として1951年に出版された『人間科学の事典』に言及して鶴見が述べた「輸入事業の総仕上げだったな、あれで輸入業は終ったんだ」という鶴見の発言を紹介している（田村1992：49-51）。

　また同じ稿の中で、あわせて田村は初期「輸入業」の仕事の一つとして井口一郎のラスウェルのコミュニケーション研究の日本への紹介についても取り上げ、コミュニケーション、世論（輿論）、内容分析といった用語を日本に定着させる上で、井口が果たした役割の大きさを評価している。そしてその一方で、ラスウェルはマスメディア以外の例えばポスターやリーフレットなども「パブリック・コミュニケーション」として論じていたにもかかわらず、日本の研究者の関心の多くはマスメディアの方にばかり偏在していることを問題としている。問題は、井口のような「輸入業者」にではなく、むしろそれを偏面的にし

か受容することがなかった日本の研究者にあったということである。

『思想の科学』は、そのようなマスメディア以外のオルタナティブで小さなメディアへの関心を引き続き払っていたと田村は評価するが、おそらくそれは、田村自身の研究の志向性とそのまま重なるものだったといえるだろう。井口がラスウェルたちの紹介を通じて導入した「コミュニケイション学」を、単なる輸入学問としての扱いを超えて、大きなメディアばかりに目を向けるのではなく、日常の生活過程で見落とされがちな、ひとびとの暮らしの中の小さなメディアの分析にいかに繰り込んでいくか。それこそが、中期以降の『思想の科学』や田村が目指した思想的課題であったといえるだろう。

7. コミュニケーション学の今後の課題

井口一郎は日本のコミュニケーション学成立の黎明に立ち会いながら、いまだ広くその名を知られることはない、謎多き存在である。本書は、その井口の存在を「コミュニケーション学」という観点から論じた稀有な研究といえる。20世紀の幕開けに生まれ、東大新人会でおそらくはマルクス主義をはじめとする「大正教養主義」の洗礼と知的薫陶を受け、大学卒業後いったんは新聞記者の道に進みながら、やがてそのキャリアから離れ、戦時下、国策の太平洋協会で地政学（国際関係論）の基礎を形成する。傀儡国家満洲で念願の専任教授の職を得るも、ほどなく戦争によってその職を失い、帰国後は新進の思想誌で編集長の任にあたり、執筆者としてもコミュニケーション学という新たな学問の紹介に努めながら、その後は専任教員として大学に戻ることはないまま、日本の高度経済成長のさなかの1957（昭和32）年にその生涯を閉じた。同時代に生きた多くの人々と同様、時代に翻弄された人物であったといえようが、東大新聞研究所や『思想の科学』との出会い、そしてそれがコミュニケーション学の誕生と発達の契機となったことについては、やはり田村紀雄との相同性を強く感じさせるものであったことを、本稿では指摘した。

田村によって拓かれた井口一郎研究の今後の課題は、本書第6章で示唆されている。ひとつには、井口が構想した「コミュニケーション

のコスモス、世界史、人類史」とはどのようなものだったのかを検討するということ。ふたつめは、東大新人会の時代からドイツ新聞学研究へといたる井口の「思想的転向」とはどのようなものだったのかを考えること。そして3つめには、戦後、井口がコミュニケーション学を導入する以前の社会思想の研究者との思想的つながりはどのようなものだったかということについてである。

　様々なフィールドの俊英たちが横断的に集うことによって生まれたコミュニケーション学は、常に開かれたものであるはずである。そして、だからこそ、これからも研究課題は無数に存在し続けるだろう。本書は、井口一郎という人物の存在を通して、コミュニケーション学の豊穣な知の水脈へとわれわれの関心を誘っていくオルタナティブな思想の書である。

【注】
1)　田村は『明治両毛の山鳴り』のなかで、支配体制の側に独占されているように見えるコミュニケーションの外側に、民衆がもつコミュニケーションのことばが存在することを指摘する。少々長くなるが引用する。「(…) 支配体制の外側の、不可視に思える民衆を仔細に観察すると、国家権力の浸染しない空間で、自分のことばを持っていることがわかる。民衆自身のコミュニケーションがある。自治、社中、信仰、変革思想はいうに及ばず、手紙、日記、その他の文書、俳句や文学などに、見えないコミュニケーションとことばがある。／そしてもし民衆が象徴を獲得できたとき、その行動と意識は強靭である。渡良瀬川沿岸の農民が『鉱業停止』の合言葉を得たとき、その他の民衆が自由民権、キリスト教、社会主義ということばを自己のものにしたとき、如何にたくましい行動力と叡智力とを可能にしたことか。両毛地方の民衆はことのほか、鋭角的に国家権力に対峙した。／それはまさしく近代国家が営々として構築してきたことばとコミュニケーションの全体像とは違った、もう一つの別のことばとコミュニケーションの世界である」(田村 1981：17)。田村の研究者としての闘いは、上記でいう象徴としてのことばを、マスメディアが作り出すことばをベースに考えるのではなく、われわれ民衆のことばとして捉え直すという「象徴をめぐる

闘争」であったと考えることができよう。それこそは、田村による「オルタナティブという思想」なのである。

2) 田村の研究者としての来歴やその思想史を追った貴重な記録として『自前のメディアをもとめて——移動とコミュニケーションをめぐる思想史』がある。本稿を執筆するにあたり、筆者もおおいに啓発された。

3) 本論の趣旨からは少し離れるが、戦時中に敵国情報を分析し、また自国の国民を総力戦体制に駆り立てようと煽動したプロパガンダ研究が、戦後には大規模なマーケティングという「科学的学問」として資本主義の拡大に応用されていったことを考える上で、エドワード・バーネイズの存在を挙げておきたい。いうまでもなく、バーネイズは精神分析学者ジークムント・フロイトの甥にあたる人物であり、その研究は、総力戦体制のもと戦われる近代以降の国民国家間における戦争と、それを分析し、大衆感情を煽るためのプロパガンダ研究、そしてわれわれの「欲望」を生み出し、無限の資本の拡大を志向するマーケティングが地続きであることを示唆するものであった。

4) 日本の、とりわけ戦後におけるマルクス受容の特殊性については大嶽秀夫『新左翼の遺産——ニューレフトからポストモダンへ』を参照。

5) 田村も本書で指摘しているように、戦後まもなく鶴見俊輔たちによって創刊される『思想の科学』のルーツは太平洋協会の編集部「先駆社」である。

6) なお、1946年5月という時期は、やはり前年に創刊されたばかりの岩波書店の総合雑誌『世界』5月号に丸山眞男の「超国家主義の論理と心理」が掲載されたタイミングでもあることも付記しておく。

7) 太平洋協会と『思想の科学』とのつながりは、吉本隆明たちによって1960年に『試行』が創刊された際のエピソードを想起させられる。安保闘争に敗れ、仕事もなくした吉本たちは、失地回復を期して自ら購読制の言論誌『試行』を立ち上げようとするが、吉本を慕う学生たちが探し出してきたのは元陸軍中野学校出身の人物だった。後にそのつながりについて指摘された吉本は、戦時中にはそのようなつながりなどどこにでもあったのだから、と思いながらも、雑誌が軌道に乗ったのち、その人物に借りた資金を返しに行くが、借金を返却された時のその人物のなんともいえない表情を吉本は忘れられなかったのだという。

【参考文献】

石田英敬　2016『大人のためのメディア論講義』ちくま新書.

大嶽秀夫　2007『新左翼の遺産——ニューレフトからポストモダンへ』東京大学出版会.

田村紀雄　1981『明治両毛の山鳴り——民衆言論の社会史』百人社.

————　1992『日本のリトルマガジン——小雑誌の戦後思想史』出版ニュース社.

————　2020『自前のメディアをもとめて——移動とコミュニケーションをめぐる思想史』編集グループSURE.

鶴見俊輔　1958『アメリカ思想から何を学ぶか』中央公論社.

吉本隆明研究会＝編　2000『吉本隆明が語る戦後55年❶——60年安保闘争と『試行』創刊前後』三交社.

山崎隆広（群馬県立女子大学文学部文化情報学科教授）

著者略歴

田村紀雄　たむら・のりお

1934 年生まれ　東京経済大学名誉教授　社会学博士（武蔵大学）
思想の科学研究会、日本移民学会、日本インターンシップ学会
その他の会長を歴任。多数の学会・研究会の創立に参画、役員も。

本書に関連する主要著書。
『コミュニティ・メディア論』1972 年、現代ジャーナリズム出版会
『アメリカの日本語新聞』1991 年、新潮社
『カナダの日本語新聞』1991 年、ＰＭＣ出版（新保満、白水繁彦共著）
『エスニック・ジャーナリズム』2003 年、柏書房
『海外の日本語メディア』2008 年、世界思想社
『ポストン収容所の地下新聞』2009 年、芙蓉書房出版　ほか
『移民労働者は定着する　『ニュー・カナディアン』文化、情報、記号が伴に国
　　境を横切る』2019 年、社会評論社
『郡上村に電話がつながって 50 年』（監修）2024 年、クロスカルチャー出版

解説者略歴

山崎隆広　やまざき・たかひろ

1969 年、群馬県生まれ
群馬県立女子大学文学部文化情報学科教授
専攻はメディア論、メディア研究、出版研究
単著に『音楽雑誌と政治の季節：戦後日本の言論とサブカルチャーの形成過程』
　　（青弓社、2024 年）、共著に『郡上村に電話がつながって 50 年——むらの生
　　活はどう変わったか——』（田村紀雄監修、牛山佳菜代・川又実編、クロスカ
　　ルチャー出版、2024 年）、訳書に A.Phillips、M.Bhaskar 編『オックスフォー
　　ド 出版の事典』（植村八潮、柴野京子との共同監訳、丸善出版、2023 年）など。

コミュニケーション学の誕生

W. シュラム学派から『思想の科学』井口一郎へのリレー

2025 年 3 月 30 日初版第 1 刷発行

著　者／田村紀雄

解　説／山崎隆広

発行者／松田健二

発行所／株式会社 社会評論社

〒 113–0033　東京都文京区本郷 2-3-10　お茶の水ビル

電話　03 （3814） 3861　FAX　03 （3818） 2808

印刷製本／有限会社 閏月社

感想・ご意見お寄せ下さい　book@shahyo.com

JPCA
日本出版著作権協会
http://www.jpca.jp.net/

本書は日本出版著作権協会（JPCA）が委託管理する著作物で
複写（コピー）・複製、その他著作物の利用については、事前
に日本出版著作権協会（電話03-3812-9424, info@jpca.jp.net
の許諾を得てください。